Georg Büchner

Dantons Tod

Ein Drama

Herausgegeben von
Johannes Diekhans

Erarbeitet und mit
Anmerkungen und
Materialien versehen
von Norbert Schläbitz

EINFACH DEUTSCH

Schöningh Verlag

Diese Ausgabe folgt im Wortlaut der historisch-kritischen Ausgabe von Werner R. Lehmann.
Rechtschreibung und Zeichensetzung wurden behutsam den heute geltenden Regeln angepasst.

© 2007 Bildungshaus Schulbuchverlage
Westermann Schroedel Diesterweg Schöningh Winklers GmbH
Braunschweig, Paderborn, Darmstadt

www.schoeningh-schulbuch.de
Schöningh Verlag, Jühenplatz 1–3, 33098 Paderborn

Das Werk und seine Teile sind urheberrechtlich geschützt.
Jede Nutzung in anderen als den gesetzlich zugelassenen Fällen bedarf der vorherigen schriftlichen Einwilligung des Verlages.
Hinweis zu § 52a UrhG: Weder das Werk noch seine Teile dürfen ohne eine solche Einwilligung gescannt und in ein Netzwerk gestellt werden.
Das gilt auch für Intranets von Schulen und sonstigen Bildungseinrichtungen.

Auf verschiedenen Seiten dieses Buches befinden sich Verweise (Links) auf Internet-Adressen. Haftungshinweis: Trotz sorgfältiger inhaltlicher Kontrolle wird die Haftung für die Inhalte der externen Seiten ausgeschlossen. Für den Inhalt dieser externen Seiten sind ausschließlich deren Betreiber verantwortlich. Sollten Sie dabei auf kostenpflichtige, illegale oder anstößige Inhalte treffen, so bedauern wir dies ausdrücklich und bitten Sie, uns umgehend per E-Mail davon in Kenntnis zu setzen, damit beim Nachdruck der Verweis gelöscht wird.

Druck A 5 4 3 2 1 / Jahr 2011 10 09 08 07
Alle Drucke der Serie A sind im Unterricht parallel verwendbar.
Die letzte Zahl bezeichnet das Jahr dieses Druckes.

Umschlaggestaltung: Peter Wypior
Umschlagmotiv: Georges Danton. Zeichnung um 1790 von Jacques-Louis David. © picture-alliance/akg-images
Druck und Bindung: Friedrich Pustet, Regensburg

ISBN 978-3-14-022368-3

Georg Büchner: Dantons Tod

Text 6

Anhang 89

1. Weitergehende Informationen zu Personen und Ereignissen 89

2. Biografisches 102
   Norbert Schläbitz: Lebensstationen
   Georg Büchners 102
      Elternhaus und Schule..................... 102
      Studienzeit und manches mehr in Straßburg... 104
      Krisenzeit: Zurück in Hessen............... 106
      Politisch aktiv: Der Hessische Landbote 107
      Literarisches Wirken und beruflicher
      Werdegang................................ 108
      Der frühe Tod 111
      Zum Drama „Dantons Tod" 111
   Lebenslauf im Überblick 114

3. Schriftzeugnisse 118
   Briefe 118
   Georg Büchner/Ludwig Weidig:
   Der Hessische Landbote..................... 123

4. Unruhige Zeiten zu Lebzeiten Büchners: Historischer Hintergrund............. 133
   Norbert Schläbitz: Vom Wiener Kongress
   bis zur Revolution im Vormärz 133
   Hans Magnus Enzensberger: Hessen im
   19. Jahrhundert 135
   Karlsbader Beschlüsse – Hambacher Fest 138

Hauptpunkte der Karlsbader Beschlüsse,
20. September 1819 138
Aus der Rede des Journalisten Jakob Sieben-
pfeiffer auf dem Hambacher Fest, Mai 1832 ... 140

5. Was der Mensch so denkt: Geistesgeschichtliche Gründe und Grenzen 143

Jostein Gaarder: ... von der Nadelherstellung
bis zum Kanonenguss 143
Immanuel Kant: Beantwortung der Frage
„Was ist Aufklärung?" 146
Jean-Jacques Rousseau: Der Gesellschaftsvertrag .. 149
    1. Kapitel: Gegenstand dieses ersten Buches .. 150
    2. Kapitel: Von den ersten Gesellschaften 151
    5. Kapitel: Dass man immer auf eine erste
              Übereinkunft zurückgehen muss ... 152
    6. Kapitel: Vom Gesellschaftsvertrag 153
Norbert Schläbitz: Deutscher Idealismus und
Materialismus 155
    Idealismus 155
    Materialismus 159
Herbert und Elisabeth Frenzel:
Das klassische Ideal (1786 bis 1832) 160
Friedrich Schiller: Das ästhetische Ideal 162
Herbert und Elisabeth Frenzel: Romantik
(1798 bis 1835) 164
Arno Lubos: Im Umkreis von Klassik und
Romantik: Das junge Deutschland 165
Herbert Foltinek: Realismus 167
    Der Realismus als Ordnungsbegriff 167
    Das Zeitalter des Realismus 169

6. Die Französische Revolution 171

Roland Vocke: Vom Sturm auf die Bastille bis zum
Tode von Robespierre 171

Die Französische Revolution in Daten 178
Ernst Schulin: Führende Personen der Französischen Revolution – Drei Charakterstudien 179
   1. Georges Danton. 180
   2. Jean Paul Marat 181
   3. Maximilien de Robespierre. 184

7. Dramentheoretische Aspekte 187
G. Freytag (1863): Die Technik des Dramas.
Kap. 2: Der Aufbau des Dramas 187

Heinz Geiger/Hermann Haarmann: Formtypen
des Dramas (geschlossene und offene Form). 189

8. Eine Szene analysieren – Tipps und Techniken 195

9. Literatur 199

Bildquellen 200

Dantons Tod

Ein Drama

Personen

GEORGES DANTON ⎫
LEGENDRE ⎪
CAMILLE DESMOULINS ⎪
HÉRAULT-SÉCHELLES ⎪
LACROIX ⎬ Deputierte
PHILIPPEAU ⎪
FABRE D'EGLANTINE ⎪
MERCIER ⎪
THOMAS PAYNE ⎭

ROBESPIERRE ⎫
ST. JUST ⎪
BARRÈRE ⎬ Mitglieder des Wohlfahrts-
COLLOT D'HERBOIS ⎪ ausschusses
BILLAUD-VARENNES ⎭

CHAUMETTE, Prokurator des Gemeinderats
DILLON, ein General
FOUQUIER-TINVILLE, öffentlicher Ankläger

HERRMANN ⎫ Präsidenten des
DUMAS ⎭ Revolutionstribunals

PARIS, ein Freund Dantons
SIMON, Souffleur
LAFLOTTE
JULIE, Dantons Gattin
LUCILE, Gattin des Camille Desmoulins

ROSALIE ⎫
ADELAIDE ⎬ Grisetten
MARION ⎭

Männer und Weiber aus dem Volk, Grisetten,
Deputierte, Henker etc.

Erster Akt[1]

[I, 1]

*Hérault-Séchelles[2], einige Damen (am Spieltisch).
Danton[3], Julie (etwas weiter weg, Danton auf
einem Schemel zu den Füßen von Julie)*

DANTON. Sieh die hübsche Dame, wie artig sie die Karten dreht! Ja wahrhaftig, sie versteht's, man sagt, sie halte ihrem Manne immer das cœur[4] und andern Leuten das carreau[5] hin. Ihr könntet einen noch in die Lüge verliebt machen.

JULIE. Glaubst du an mich?

DANTON. Was weiß ich! Wir wissen wenig voneinander. Wir sind Dickhäuter, wir strecken die Hände nacheinander aus, aber es ist vergebliche Mühe, wir reiben nur das grobe Leder aneinander ab, – wir sind sehr einsam.

JULIE. Du kennst mich, Danton.

DANTON. Ja, was man so kennen heißt. Du hast dunkle Augen und lockiges Haar und einen feinen Teint und sagst immer zu mir: lieber Georg. Aber *(er deutet ihr auf Stirn und Augen)* da, da, was liegt hinter dem? Geh, wir haben grobe Sinne. Einander kennen? Wir müssten uns die Schädeldecken aufbrechen und die Gedanken einander aus den Hirnfasern zerren.

EINE DAME *(zu Hérault).* Was haben Sie nur mit Ihren Fingern vor?

HÉRAULT. Nichts!

---

[1] Zeichensetzung und Rechtschreibung wurden vorsichtig – unter Berücksichtigung dialektaler Wendungen – an die heutigen Schreibweisen angepasst.

[2] Marie Jean Hérault-Séchelles, [1759–1794], Anwalt und Mitglied des Wohlfahrtsausschusses. Mitautor der Verfassung (1791). Er starb zusammen mit Danton unter dem Fallbeil.

[3] Georges Danton [1759–1794], einer der führenden Revolutionäre der Französischen Revolution. Er starb unter dem Fallbeil [14] → In Klammern gesetzte Ziffern in den Fußnoten verweisen im Folgenden auf weitergehende Informationen in Kapitel 1 des Anhangs, S. 89ff.

[4] Herz

[5] Karo im Kartenspiel

8   Dantons Tod

DAME. Schlagen Sie den Daumen nicht so ein, es ist nicht zum Ansehn.

HÉRAULT. Sehn Sie nur, das Ding hat eine ganz eigne Physiognomie.

DANTON. Nein Julie, ich liebe dich wie das Grab.

JULIE *(sich abwendend).* Oh!

DANTON. Nein, höre! Die Leute sagen, im Grab sei Ruhe und Grab und Ruhe seien eins. Wenn das ist, lieg' ich in deinem Schoß schon unter der Erde. Du süßes Grab, deine Lippen sind Totenglocken, deine Stimme ist mein Grabgeläute, deine Brust mein Grabhügel und dein Herz mein Sarg.

DAME. Verloren!

HÉRAULT. Das war ein verliebtes Abenteuer, es kostet Geld wie alle andern.

DAME. Dann haben Sie Ihre Liebeserklärungen, wie ein Taubstummer, mit den Fingern gemacht.

HÉRAULT. Ei, warum nicht? Man will sogar behaupten, gerade die würden am leichtesten verstanden. Ich zettelte eine Liebschaft mit einer Kartenkönigin an, meine Finger waren in Spinnen verwandelte Prinzen, Sie, Madame, waren die Fee; aber es ging schlecht, die Dame lag immer in den Wochen, jeden Augenblick bekam sie einen Buben. Ich würde meine Tochter dergleichen nicht spielen lassen, die Herren und Damen fallen so unanständig übereinander und die Buben kommen gleich hinten nach.

Camille Desmoulins[1] und Philippeau[2] treten ein.

HÉRAULT. Philippeau, welch trübe Augen! Hast du dir ein Loch in die rote Mütze[3] gerissen, hat der heilige Jakob ein böses Gesicht gemacht, hat es während des Guillotinierens geregnet oder hast du einen schlechten Platz bekommen und nichts sehen können?

---

[1] Camille Desmoulins [1760–1994]; Anwalt, Revolutionär und Publizist. Er starb unter dem Fallbeil [17].
[2] Pierre Philippeau [1754–1794], Rechtsanwalt und Konventsmitglied. Er starb unter dem Fallbeil [36].
[3] Jakobinermütze, diente als Erkennungszeichen

CAMILLE. Du parodierst den Sokrates[1]. Weißt du auch, was der Göttliche den Alcibiades[2] fragte, als er ihn eines Tages finster und niedergeschlagen fand? „Hast du deinen Schild auf dem Schlachtfeld verloren, bist du im Wettlauf oder im Schwertkampf besiegt worden? Hat ein andrer besser gesungen oder besser die Zither geschlagen?" Welche klassischen Republikaner! Nimm einmal unsere Guillotinenromantik dagegen!

PHILIPPEAU. Heute sind wieder zwanzig Opfer gefallen. Wir waren im Irrtum, man hat die Hébertisten[3] nur auf's Schafott geschickt, weil sie nicht systematisch genug verfuhren, vielleicht auch, weil die Dezemvirn[4] sich verloren glaubten, wenn es nur eine Woche Männer gegeben hätte, die man mehr fürchtete als sie.

HÉRAULT. Sie möchten uns zu Antediluvianern[5] machen. St. Just[6] säh' es nicht ungern, wenn wir wieder auf allen Vieren kröchen, damit uns der Advokat von Arras[7] nach der Mechanik des Genfer Uhrmachers[8] Fallhütchen[9], Schulbänke und einen Herrgott erfände.

PHILIPPEAU. Sie würden sich nicht scheuen, zu dem Behuf an Marats Rechnung[10] noch einige Nullen zu hängen. Wie lange sollen wir noch schmutzig und blutig sein wie neugeborne Kinder, Särge zur Wiege haben und mit

---

[1] Sokrates [ca. 469–399 v. Chr.], Philosoph im antiken Athen [47]
[2] Alkibiades [ca. 450–404 v. Chr.], skrupelloser athenischer Feldherr [1].
[3] nach dem Jakobiner Hébert [1757–1794] benannte, besonders extreme Gruppe [24 u. 25]
[4] die zehn Mitglieder des Wohlfahrtsausschusses
[5] (lat.), Vorsintflutler
[6] Antoine de Saint-Just, [1767–1794], fanatischer Anhänger von Robespierre. Er starb unter dem Fallbeil [41].
[7] Gemeint ist Robespierre, der aus Arras stammt.
[8] Gemeint ist der Philosoph Jean-Jacques Rousseau [1712–1788], seine Schriften waren Ideengeber der Revolution. Rousseaus Vater war Uhrmacher.
[9] Ein Hut, der Kinder aufgrund seiner Polsterung beim Fall schützen sollte. Die Erfindung soll auf Rousseau zurückgehen.
[10] Jean Paul Marat [1744–1793], Revolutionär und Publizist. Er wurde im Juli 1793 von Charlotte Corday ermordet und anschließend zum Martyrer hochstilisiert [30].

10 Dantons Tod

Köpfen spielen? Wir müssen vorwärts. Der Gnadenausschuss muss durchgesetzt, die ausgestoßenen Deputierten müssen wieder aufgenommen werden.

HÉRAULT. Die Revolution ist in das Stadium der Reorganisation gelangt.
Die Revolution muss aufhören und die Republik muss anfangen. In unsern Staatsgrundsätzen muss das Recht an die Stelle der Pflicht, das Wohlbefinden an die der Tugend und die Notwehr an die der Strafe treten. Jeder muss sich geltend machen und seine Natur durchsetzen können. Er mag nun vernünftig oder unvernünftig, gebildet oder ungebildet, gut oder böse sein, das geht den Staat nichts an. Wir alle sind Narren, es hat keiner das Recht, einem andern seine eigentümliche Narrheit aufzudringen.

Jeder muss in seiner Art genießen können, jedoch so, dass keiner auf Unkosten eines andern genießen oder ihn in seinem eigentümlichen Genuss stören darf.

CAMILLE. Die Staatsform muss ein durchsichtiges Gewand sein, das sich dicht an den Leib des Volkes schmiegt. Jedes Schwellen der Adern, jedes Spannen der Muskeln, jedes Zucken der Sehnen muss sich darin abdrücken. Die Gestalt mag nun schön oder hässlich sein, sie hat einmal das Recht zu sein, wie sie ist, wir sind nicht berechtigt, ihr ein Röcklein nach Belieben zuzuschneiden. Wir werden den Leuten, welche über die nackten Schultern der allerliebsten Sünderin Frankreich den Nonnenschleier werfen wollen, auf die Finger schlagen.

Wir wollen nackte Götter, Bacchantinnen[1], Olympische Spiele und von melodischen Lippen: ach, die gliederlösende, böse Liebe!

Wir wollen den Römern nicht verwehren, sich in die Ecke zu setzen und Rüben zu kochen, aber sie sollen uns keine Gladiatorspiele mehr geben wollen.

---

[1] Der römische Weingott Bacchus wurde von Tänzerinnen, den sogenannten Bacchantinnen, begleitet.
[2] Epikur [341–270 v. Chr.], griechischer Philosoph [20].

Der göttliche Epicur[2] und die Venus mit dem schönen Hintern müssen statt der Heiligen Marat und Chalier[1] die Türsteher der Republik werden.
Danton, du wirst den Angriff im Konvent machen.

DANTON. Ich werde, du wirst, er wird. Wenn wir bis dahin noch leben, sagen die alten Weiber. Nach einer Stunde werden sechzig Minuten verflossen sein. Nicht wahr, mein Junge?

CAMILLE. Was soll das hier? Das versteht sich von selbst.

DANTON. Oh, es versteht sich alles von selbst. Wer soll denn all die schönen Dinge ins Werk setzen?

PHILIPPEAU. Wir und die ehrlichen Leute.

DANTON. Das *und* dazwischen ist ein langes Wort, es hält uns ein wenig weit auseinander, die Strecke ist lang, die Ehrlichkeit verliert den Atem, eh wir zusammen kommen. Und wenn auch!, – den ehrlichen Leuten kann man Geld leihen, man kann bei ihnen Gevatter stehn und seine Töchter an sie verheiraten, aber das ist alles!

CAMILLE. Wenn du das weißt, warum hast du den Kampf begonnen?

DANTON. Die Leute waren mir zuwider. Ich konnte dergleichen gespreizte Catonen[2] nie ansehn, ohne ihnen einen Tritt zu geben. Mein Naturell ist einmal so. *(Er erhebt sich.)*

JULIE. Du gehst?

DANTON *(zu Julie).* Ich muss fort, sie reiben mich mit ihrer Politik noch auf.
(Im Hinausgehn). Zwischen Tür und Angel will ich euch prophezeien: Die Statue der Freiheit ist noch nicht gegossen, der Ofen glüht, wir alle können uns noch die Finger dabei verbrennen. *(Ab.)*

CAMILLE. Lasst ihn, glaubt ihr, er könne die Finger davon lassen, wenn es zum Handeln kömmt?

HÉRAULT. Ja, aber bloß zum Zeitvertreib, wie man Schach spielt.

---

[1] Joseph Chalier [1747–1793], französischer Revolutionär, zugehörig der Gruppe der Hébertisten; er starb unter dem Fallbeil.
[2] Verweist auf Marcus Porcius Cato Censorius [234–149 v. Chr.], tat sich als Wahrer eines sittenstrengen Lebens hervor.

[I, 2] Eine Gasse

Simon. Sein Weib.

SIMON *(schlägt das Weib).* Du Kuppelpelz[1], du runzliche Sublimatpille[2], du wurmstichischer Sündenapfel!
WEIB. He Hülfe! Hülfe!
(Es kommen LEUTE *gelaufen.)* Reißt sie auseinander! Reißt sie auseinander!
SIMON. Nein, lasst mich, Römer, zerschellen will ich dies Geripp! Du Vestalin[3]!
WEIB. Ich, eine Vestalin? Das will ich sehen, ich.
SIMON.   So reiß ich von den Schultern dein Gewand,
           Nackt in die Sonne schleudr' ich dann dein Aas.
Du Hurenbett, in jeder Runzel deines Leibes nistet Unzucht. *(Sie werden getrennt.)*
ERSTER BÜRGER. Was gibt's?
SIMON. Wo ist die Jungfrau? Sprich! Nein, so kann ich nicht sagen. Das Mädchen! Nein, auch das nicht; die Frau, das Weib! Auch das, auch das nicht! Nur noch ein Name! Oh, der erstickt mich! Ich habe keinen Atem dafür.
ZWEITER BÜRGER. Das ist gut, sonst würde der Name nach Schnaps riechen.
SIMON. Alter Virginius[4], verhülle dein kahl Haupt. Der Rabe Schande sitzt darauf und hackt nach deinen Augen. Gebt mir ein Messer, Römer! *(Er sinkt um.)*
WEIB. Ach, er ist sonst ein braver Mann, er kann nur nicht viel vertragen, der Schnaps stellt ihm gleich ein Bein.
ZWEITER BÜRGER. Dann geht er mit dreien.
WEIB. Nein, er fällt.
ZWEITER BÜRGER. Richtig, erst geht er mit dreien und dann fällt er auf das dritte, bis das dritte selbst wieder fällt.

---

[1] angelehnt an Kuppler, Kupplerin
[2] zur Behandlung von Geschlechtskrankheiten (Syphilis) verabreichtes Mittel, Sublimat: Quecksilberchlorid
[3] auf Lebenszeit zur Keuschheit verpflichtete Jungfrauen, die im antiken Rom als Priesterinnen der Vesta, Göttin des Herdes, tätig waren
[4] antike Sagengestalt, erdolchte seine Tochter Virginia, die von dem Decemvir Appius Claudius begehrt und durch eine Unterstellung ihm zugeführt werden sollte

SIMON. Du bist die Vampyrzunge, die mein wärmstes Herzblut trinkt.

WEIB. Lasst ihn nur, das ist so die Zeit, worin er immer gerührt wird, es wird sich schon geben.

ERSTER BÜRGER. Was gibts denn?

WEIB. Seht ihr, ich saß da so auf dem Stein in der Sonne und wärmte mich, seht ihr, denn wir haben kein Holz, seht ihr …

ZWEITER BÜRGER. So nimm deines Mannes Nase.

WEIB. … und meine Tochter war da hinuntergegangen um die Ecke, sie ist ein braves Mädchen und ernährt ihre Eltern.

SIMON. Ha, sie bekennt!

WEIB. Du Judas, hättest du nur ein Paar Hosen hinaufzuziehen, wenn die jungen Herren die Hosen nicht bei ihr hinunterließen? Du Branntweinfass, willst du verdursten, wenn das Brünnlein zu laufen aufhört, he? Wir arbeiten mit allen Gliedern, warum denn nicht auch damit; ihre Mutter hat damit geschafft, wie sie zur Welt kam, und es hat ihr weh getan, kann sie für ihre Mutter nicht auch damit schaffen, he? Und tut's ihr auch weh dabei, he? Du Dummkopf!

SIMON. Ha Lucrecia[1]! Ein Messer, gebt mir ein Messer, Römer! Ha, Appius Claudius[2]!

ERSTER BÜRGER. Ja, ein Messer, aber nicht für die arme Hure, was tat sie? Nichts! Ihr Hunger hurt und bettelt. Ein Messer für die Leute, die das Fleisch unserer Weiber und Töchter kaufen! Weh über die, [die][3] so mit den Töchtern des Volkes huren! Ihr habt Kollern im Leib[4] und sie haben Magendrücken, ihr habt Löcher in den Jacken und sie haben warme Röcke, ihr habt Schwielen in den Fäusten und sie haben Samthände. Ergo, ihr arbeitet und sie tun nichts, ergo, ihr habt's erworben

---

[1] Lucretia, eine Römerin, die bekannt für ihre Schönheit und Tugend war, bringt sich – gemäß der Legende – nach der Vergewaltigung durch Sextus Tarquinius um.
[2] Vgl. Seite 12, Fußnote 14.
[3] Das in Klammern gesetzte Relativpronomen wurde vom Bearbeiter eingefügt.
[4] Magenknurren

und sie haben's gestohlen; ergo, wenn ihr von eurem gestohlnen Eigentum ein paar Heller wiederhaben wollt, müsst ihr huren und betteln; ergo[1] sie sind Spitzbuben und man muss sie totschlagen.

DRITTER BÜRGER. Sie haben kein Blut in den Adern, als was sie uns ausgesaugt haben. Sie haben uns gesagt: Schlagt die Aristokraten tot, das sind Wölfe! Wir haben die Aristokraten an die Laternen gehängt. Sie haben gesagt, das Veto frisst euer Brot, wir haben das Veto totgeschlagen. Sie haben gesagt, die Girondisten[2] hungern euch aus, wir haben die Girondisten guillotiniert. Aber sie haben die Toten ausgezogen und wir laufen wie zuvor auf nackten Beinen und frieren. Wir wollen ihnen die Haut von den Schenkeln ziehen und uns Hosen daraus machen, wir wollen ihnen das Fett auslassen und unsere Suppen mit schmelzen. Fort! Totgeschlagen, wer kein Loch im Rock hat!

ERSTER BÜRGER. Totgeschlagen, wer lesen und schreiben kann!

ZWEITER BÜRGER. Totgeschlagen, wer auswärtsgeht!

ALLE *(schreien.)* Totgeschlagen, totgeschlagen! *(Einige schleppen einen jungen Menschen herbei.)*

EINIGE STIMMEN. Er hat ein Schnupftuch! Ein Aristokrat! An die Laterne! An die Laterne!

ZWEITER BÜRGER. Was? Er schneuzt sich die Nase nicht mit den Fingern? An die Laterne! *(Eine Laterne wird heruntergelassen.)*

JUNGER MENSCH. Ach, meine Herren!

ZWEITER BÜRGER. Es gibt hier keine Herren! An die Laterne!

EINIGE *(singen).* Die da liegen in der Erden.
Von de Würm gefresse werden.
Besser hangen in der Luft,
Als verfaulen in der Gruft!

JUNGER MENSCH. Erbarmen!

DRITTER BÜRGER. Nur ein Spielen mit einer Hanflocke[3] um den Hals! S'ist nur ein Augenblick, wir sind barmher-

---
[1] (lat.) also
[2] gemäßigte Republikaner
[3] Schlinge am Henkersseil

ziger als ihr. Unser Leben ist der Mord durch Arbeit, wir
hängen sechzig Jahre lang am Strick und zappeln, aber
wir werden uns losschneiden. An die Laterne!
JUNGER MENSCH. Meinetwegen, ihr werdet deswegen nicht
heller sehen!
DIE UMSTEHENDEN. Bravo, bravo!
EINIGE STIMMEN. Lasst ihn laufen! *(Er entwischt.)*

*Robespierre[1] tritt auf, begleitet von Weibern und
Ohnehosen[2].*

ROBESPIERRE. Was gibt's da, Bürger?
DRITTER BÜRGER. Was wird's geben? Die paar Tropfen Bluts
vom August und September[3] haben dem Volk die Backen nicht rot gemacht. Die Guillotine ist zu langsam.
Wir brauchen einen Platzregen.
ERSTER BÜRGER. Unsere Weiber und Kinder schreien nach
Brot, wir wollen sie mit Aristokratenfleisch füttern. Heh!
Totgeschlagen, wer kein Loch im Rock hat.
ALLE. Totgeschlagen! Totgeschlagen!
ROBESPIERRE. Im Namen des Gesetzes!
ERSTER BÜRGER. Was ist das Gesetz?
ROBESPIERRE. Der Wille des Volks.
ERSTER BÜRGER. Wir sind das Volk und wir wollen, dass kein
Gesetz sei; ergo ist dieser Wille das Gesetz, ergo im
Namen des Gesetzes gibt's kein Gesetz mehr, ergo totgeschlagen!
EINIGE STIMMEN. Hört den Aristides[4], hört den Unbestechlichen!

---

[1] Maximilien de Robespierre [1758–1794], Advokat, führender französischer Revolutionär. Er starb unter dem Fallbeil [40].

[2] (frz.) Sansculotten, Arbeiter und Kleinbürger, die im Gegensatz zu den Kniebundhosen tragenden Adligen lange Hosen trugen, da diese bei der Arbeit nicht störten. Sansculotte heißt übersetzt: ohne Kniebundhose.

[3] Am 10.08.1792 wurden die Tuilerien gestürmt und der König wurde gefangengenommen. Vom 02.–06.09.1792 fanden die Septembermorde statt, als in den Gefängnissen von Paris über 1300 verdächtigte Inhaftierte ermordet wurden [30].

[4] Aristides [ca. 550–476 v. Chr.], griechischer Feldherr, der aufgrund seiner Ehrlichkeit auch der „Gerechte" genannt wurde.

EIN WEIB. Hört den Messias, der gesandt ist, zu wählen und zu richten; er wird die Bösen mit der Schärfe des Schwertes schlagen. Seine Augen sind die Augen der Wahl, seine Hände sind die Hände des Gerichts!
ROBESPIERRE. Armes, tugendhaftes Volk! Du tust deine Pflicht, du opferst deine Feinde. Volk, du bist groß. Du offenbarst dich unter Blitzstrahlen und Donnerschlägen. Aber Volk, deine Streiche dürfen deinen eignen Leib nicht verwunden, du mordest dich selbst in deinem Grimm. Du kannst nur durch deine eigne Kraft fallen. Das wissen deine Feinde. Deine Gesetzgeber wachen, sie werden deine Hände führen, ihre Augen sind untrügbar, deine Hände sind unentrinnbar. Kommt mit zu den Jakobinern. Eure Brüder werden euch ihre Arme öffnen, wir werden ein Blutgericht über unsere Feinde halten.
VIELE STIMMEN. Zu den Jakobinern! Es lebe Robespierre! *(Alle ab.)*
SIMON. Weh mir, verlassen! *(Er versucht, sich aufzurichten.)*
WEIB. Da! *(Sie unterstützt ihn.)*
SIMON. Ach, meine Baucis[1], du sammelst Kohlen auf mein Haupt.
WEIB. Da steh!
SIMON. Du wendest dich ab? Ha, kannst du mir vergeben, Porcia[2]? Schlug ich dich? Das war nicht meine Hand, war nicht mein Arm, mein Wahnsinn tat es.
    Sein Wahnsinn ist des armen Hamlet Feind.
    Hamlet tat's nicht, Hamlet verleugnet's.
Wo ist unsre Tochter, wo ist mein Sannchen?
WEIB. Dort um das Eck herum.
SIMON. Fort zu ihr, komm, mein tugendreich Gemahl. *(Beide ab.)*

---

[1] Baucis und Philemon, gemäß der Mythologie ein altes Ehepaar, das von Zeus und Hermes vor der Sintflut gerettet wurde, weil es ihnen Gastfreundschaft gewährte. Sie baten Zeus, gemeinsam sterben zu dürfen, damit keiner um den anderen trauern müsste. Zeus folgte diesem Wunsch und verwandelte sie bei ihrem Tode in die Bäume Eiche und Linde.
[2] Porcia, Gattin von Marcus Iunius Brutus, einer der Mörder Cäsars, die als überzeugte Republikanerin Selbstmord beging

[I, 3] Der Jakobinerklub[1]

EIN LYONER. Die Brüder von Lyon senden uns, um in eure Brust ihren bittern Unmut auszuschütten. Wir wissen nicht, ob der Karren, auf dem Ronsin zur Guillotine fuhr, der Totenwagen der Freiheit war, aber wir wissen, dass seit jenem Tage die Mörder Chaliers wieder so fest auf den Boden treten, als ob es kein Grab für sie gäbe. Habt ihr vergessen, dass Lyon ein Flecken auf dem Boden Frankreichs ist, den man mit den Gebeinen der Verräter zudecken muss? Habt ihr vergessen, dass diese Hure der Könige ihren Aussatz nur in dem Wasser der Rhône abwaschen kann? Habt ihr vergessen, dass dieser revolutionäre Strom die Flotten Pitts[2] im Mittelmeere auf den Leichen der Aristokraten muss stranden machen? Eure Barmherzigkeit mordet die Revolution. Der Atemzug eines Aristokraten ist das Röcheln der Freiheit. Nur ein Feigling stirbt für die Republik, ein Jakobiner tötet für sie. Wisst, finden wir in euch nicht mehr die Spannkraft der Männer des 10. August, des September und des 31. Mai, so bleibt uns, wie dem Patrioten Gaillard[3] nur der Dolch des Cato[4]. *(Beifall und verwirrtes Geschrei.)*

EIN JAKOBINER. Wir werden den Becher des Sokrates mit euch trinken!

LEGENDRE *(schwingt sich auf die Tribüne).* Wir haben nicht nötig, unsere Blicke auf Lyon zu werfen. Die Leute, die seidne Kleider tragen, die in Kutschen fahren, die in den Logen im Theater sitzen und nach dem Diktionär der

---

[1] Das ehemalige Dominikanerkloster Saint-Jacques in Paris war Versammlungsort für die Mitglieder der radikalen Gruppe um Robespierre [27].
[2] William Pitt, der Jüngere [1759–1806], war zwischen 1783 und 1801 sowie zwischen 1804 und 1806 Premierminister in Großbritannien. Er erklärte 1793 Frankreich den Krieg.
[3] Gaillard, Schauspieler, gehörte der Gruppe der Hébertisten an. In Lyon, wo der Aufstand der Royalisten und Girondisten gegen die Jakobiner erfolgte, beging er Selbstmord.
[4] Dolch des Marcus Porcius Cato Uticensis (Cato der Jüngere genannt) [95–46 v. Chr.] [18]

Akademie sprechen, tragen seit einigen Tagen die Köpfe fest auf den Schultern. Sie sind witzig und sagen, man müsse Marat und Chalier zu einem doppelten Märtyrertum verhelfen und sie in effigie[1] guillotinieren. *(Heftige Bewegung in der Versammlung.)*
EINIGE STIMMEN. Das sind tote Leute. Ihre Zunge guillotiniert sie.
LEGENDRE. Das Blut dieser Heiligen komme über sie. Ich frage die anwesenden Mitglieder des Wohlfahrtsausschusses[2], seit wann ihre Ohren so taub geworden sind ...
COLLOT D'HERBOIS[3] *(unterbricht ihn).* Und ich frage dich, Legendre, wessen Stimme solchen Gedanken Atem gibt, dass sie lebendig werden und zu sprechen wagen? Es ist die Zeit, die Masken abzureißen. Hört! Die Ursache verklagt ihre Wirkung, der Ruf sein Echo, der Grund seine Folge. Der Wohlfahrtsausschuss versteht mehr Logik, Legendre! Sei ruhig. Die Büsten der Heiligen[4] werden unberührt bleiben, sie werden wie Medusenhäupter[5] die Verräter in Stein verwandeln.
ROBESPIERRE. Ich verlange das Wort.
DIE JAKOBINER. Hört, hört den Unbestechlichen!
ROBESPIERRE. Wir warteten nur auf den Schrei des Unwillens, der von allen Seiten ertönt, um zu sprechen. Unsere Augen waren offen, wir sahen den Feind sich rüsten und sich erheben, aber wir haben das Lärmzeichen nicht gegeben, wir ließen das Volk sich selbst bewachen, es hat nicht geschlafen, es hat an die Waffen geschlagen. Wir ließen den Feind aus seinem Hinterhalt hervorbrechen, wir ließen ihn anrücken, jetzt steht er frei und

---

[1] (lat.) im Bilde
[2] Am 25.03.1793 wurde der Wohlfahrtsausschuss vom Nationalkonvent ins Leben gerufen. Er war ein Instrument der Exekutive [52].
[3] Jean-Marie Collot d'Herbois [1750–1796], ehemals Schauspieler und Revolutionär [13]
[4] Gemeint sind die Büsten von Marat und Chalier.
[5] Medusa ist in der griechischen Mythologie eine der drei Gorgonen, deren Anblick die Menschen versteinerte. Bis auf Medusa waren sie unsterblich. Perseus tötete Medusa. Das geflügelte Pferd Pegasus entspross dem Blut der enthaupteten Medusa.

ungedeckt in der Helle des Tages, jeder Streich wird ihn treffen, er ist tot, sobald ihr ihn erblickt habt.

Ich habe es euch schon einmal gesagt: In zwei Abteilungen, wie in zwei Heereshaufen sind die inneren Feinde der Republik zerfallen. Unter Bannern von verschiedener Farbe und auf den verschiedensten Wegen eilen sie alle dem nämlichen Ziele zu. Die eine dieser Faktionen ist nicht mehr. In ihrem affektierten Wahnsinn suchte sie die erprobtesten Patrioten als abgenutzte Schwächlinge beiseitezuwerfen, um die Republik ihrer kräftigsten Arme zu berauben. Sie erklärte der Gottheit und dem Eigentum den Krieg, um eine Diversion[1] zu Gunsten der Könige zu machen. Sie parodierte das erhabne Drama der Revolution, um dieselbe durch studierte Ausschweifungen bloßzustellen. Héberts Triumph hätte die Republik in ein Chaos verwandelt und der Despotismus war befriedigt. Das Schwert des Gesetzes hat den Verräter getroffen. Aber was liegt den Fremden daran, wenn ihnen Verbrecher einer anderen Gattung zur Erreichung des nämlichen Zwecks bleiben? Wir haben nichts getan, wenn wir noch eine andere Faktion zu vernichten haben.

Sie ist das Gegenteil der vorhergehenden. Sie treibt uns zur Schwäche, ihr Feldgeschrei heißt: Erbarmen! Sie will dem Volk seine Waffen und die Kraft, welche die Waffen führt, entreißen, um es nackt und entnervt den Königen zu überantworten.

Die Waffe der Republik ist der Schrecken, die Kraft der Republik ist die Tugend. Die Tugend, weil ohne sie der Schrecken verderblich, der Schrecken, weil ohne ihn die Tugend ohnmächtig ist. Der Schrecken ist ein Ausfluss der Tugend, er ist nichts anders als die schnelle, strenge und unbeugsame Gerechtigkeit. Sie sagen, der Schrecken sei die Waffe einer despotischen Regierung, die unsrige gliche also dem Despotismus. Freilich, aber so wie das Schwert in den Händen eines Freiheitshelden dem Säbel gleicht, womit der Satellit der Tyrannen be-

---

[1] unerwarteter Angriff von der Flanke her

waffnet ist. Regiere der Despot seine tierähnlichen Untertanen durch den Schrecken, er hat Recht als Despot, zerschmettert durch den Schrecken die Feinde der Freiheit und ihr habt als Stifter der Republik nicht minder Recht. Die Revolutionsregierung ist der Despotismus der Freiheit gegen die Tyrannei.

Erbarmen mit den Royalisten!, rufen gewisse Leute. Erbarmen mit Bösewichtern? Nein! Erbarmen für die Unschuld, Erbarmen für die Schwäche, Erbarmen für die Unglücklichen, Erbarmen für die Menschheit. Nur dem friedlichen Bürger gebührt von Seiten der Gesellschaft Schutz. In einer Republik sind nur Republikaner Bürger, Royalisten und Fremde sind Feinde. Die Unterdrücker der Menschheit bestrafen ist Gnade, ihnen verzeihen ist Barbarei. Alle Zeichen einer falschen Empfindsamkeit scheinen mir Seufzer, welche nach England oder nach Östreich fliegen.

Aber nicht zufrieden, den Arm des Volks zu entwaffnen, sucht man noch die heiligsten Quellen seiner Kraft durch das Laster zu vergiften. Dies ist der feinste, gefährlichste und abscheulichste Angriff auf die Freiheit. Das Laster ist das Kainszeichen des Aristokratismus. In einer Republik ist es nicht nur ein moralisches, sondern auch ein politisches Verbrechen; der Lasterhafte ist der politische Feind der Freiheit, er ist ihr umso gefährlicher, je größer die Dienste sind, die er ihr scheinbar erwiesen. Der gefährlichste Bürger ist derjenige, welcher leichter ein Dutzend rote Mützen verbraucht, als eine gute Handlung vollbringt.

Ihr werdet mich leicht verstehen, wenn ihr an Leute denkt, welche sonst in Dachstuben lebten und jetzt in Karossen fahren und mit ehemaligen Marquisinnen und Baronessen Unzucht treiben. Wir dürfen wohl fragen, ist das Volk geplündert oder sind die Goldhände der Könige gedrückt worden, wenn wir Gesetzgeber des Volks mit allen Lastern und allem Luxus der ehemaligen Höflinge Parade machen, wenn wir diese Marquis und Grafen der Revolution reiche Weiber heiraten, üppige Gastmähler geben, spielen, Diener halten und kostbare Kleider tragen sehen? Wir dürfen wohl staunen, wenn wir sie Einfälle haben, Schön-

geistern und so etwas vom guten Ton bekommen hören. Man hat vor Kurzem auf eine unverschämte Weise den Tacitus[1] parodiert, ich könnte mit dem Sallust[2] antworten und den Catilina[3] travestieren[4]; doch ich denke, ich habe keine Striche mehr nötig, die Portraits sind fertig.
Keinen Vertrag, keinen Waffenstillstand mit den Menschen, welche nur auf Ausplünderung des Volkes bedacht waren, welche diese Ausplünderung ungestraft zu vollbringen hofften, für welche die Republik eine Spekulation und die Revolution ein Handwerk war. In Schrecken gesetzt durch den reißenden Strom der Beispiele suchen sie ganz leise die Gerechtigkeit abzukühlen. Man sollte glauben, jeder sage zu sich selbst: „Wir sind nicht tugendhaft genug, um so schrecklich zu sein. Philosophische Gesetzgeber, erbarmt euch unsrer Schwäche, ich wage euch nicht zu sagen, dass ich lasterhaft bin, ich sage euch also lieber, seid nicht grausam!"
Beruhige dich, tugendhaftes Volk, beruhigt euch, ihr Patrioten, sagt euern Brüdern zu Lyon, das Schwert des Gesetzes roste nicht in den Händen, denen ihr es anvertraut habt. – Wir werden der Republik ein großes Beispiel geben. *(Allgemeiner Beifall.)*
VIELE STIMMEN. Es lebe die Republik, es lebe Robespierre!
PRÄSIDENT. Die Sitzung ist aufgehoben.

[I, 4] Eine Gasse

Lacroix. Legendre.

LACROIX. Was hast du gemacht, Legendre, weißt du auch, wem du mit deinen Büsten den Kopf herunterwirfst?

---

[1] Publius Cornelius Tacitus [55–ca. 115 v. Chr.], römischer Geschichtsschreiber. In der von Camille vertriebenen Zeitung wurde mit Tacituszitaten der Radikalenterror kritisiert.
[2] Gaius Sallustius Crispus [86–35 v. Chr.] war römischer Geschichtsschreiber und Politiker.
[3] Lucius Sergius Catilina [ca. 108 bis 62 v. Chr.] bemühte sich vergeblich um den Posten des Konsuls in Rom. [8]
[4] ins Lächerliche ziehen

LEGENDRE. Einigen Stutzern[1] und eleganten Weibern, das ist alles.

LACROIX. Du bist ein Selbstmörder, ein Schatten, der sein Original und somit sich selbst ermordet.

LEGENDRE. Ich begreife nicht.

LACROIX. Ich dächte, Collot hätte deutlich gesprochen.

LEGENDRE. Was macht das? Er war wieder betrunken.

LACROIX. Narren, Kinder und – nun? – Betrunkne sagen die Wahrheit. Wen glaubst du denn, dass Robespierre mit dem Catilina gemeint habe?

LEGENDRE. Nun?

LACROIX. Die Sache ist einfach, man hat die Atheisten und Ultrarevolutionäre aufs Schafott geschickt; aber dem Volk ist nicht geholfen, es läuft noch barfuß in den Gassen und will sich aus Aristokratenleder Schuhe machen. Der Guillotinenthermometer darf nicht fallen, noch einige Grade und der Wohlfahrtsausschuss kann sich sein Bett auf dem Revolutionsplatz suchen.

LEGENDRE. Was haben damit meine Büsten zu schaffen?

LACROIX. Siehst du's noch nicht? Du hast die Contrerevolution[2] offiziell bekannt gemacht, du hast die Dezemvirn zur Energie gezwungen, du hast ihnen die Hand geführt. Das Volk ist ein Minotaurus, der wöchentlich seine Leichen haben muss, wenn er sie nicht auffressen soll.

LEGENDRE. Wo ist Danton?

LACROIX. Was weiß ich? Er sucht eben die mediceische Venus[3] stückweise bei allen Grisetten[4] des Palais Royal zusammen, er macht Mosaik, wie er sagt; der Himmel weiß, bei welchem Glied er gerade ist. Es ist ein Jammer, dass die Natur die Schönheit, wie Medea[5] ihren Bruder, zerstückelt und sie so in Fragmenten in die Körper gesenkt hat. Gehn wir ins Palais Royal. *(Beide ab.)*

---

[1] überbetont modisch gekleideter, eitler Mann
[2] Gegenrevolution am 11. März 1793, Beginn des Aufstandes in der Vendée, ein Département südlich der Loire [51]
[3] auch Aphrodite Medici genannt. Es handelt sich dabei um eine römische Marmorkopie einer griechischen Aphrodite-Statue aus dem 3. Jahrhundert v. Chr., ehemals im Besitz der Medici.
[4] Prostituierte
[5] Medea, gemäß der griechischen Mythologie Tochter des Königs Aietes und der Eidyia, Zauberin [31]

[I, 5] Ein Zimmer

Danton. Marion.

MARION. Nein, lass mich! So zu deinen Füßen. Ich will dir erzählen.
DANTON. Du könntest deine Lippen besser gebrauchen.
MARION. Nein, lass mich einmal so. Meine Mutter war eine kluge Frau, sie sagte mir immer, die Keuschheit sei eine schöne Tugend, wenn Leute ins Haus kamen und von manchen Dingen zu sprechen anfingen, hieß sie mich aus dem Zimmer gehn; frug ich, was die Leute gewollt hätten, so sagte sie mir, ich solle mich schämen; gab sie mir ein Buch zu lesen, so musst ich fast immer einige Seiten überschlagen. Aber die Bibel las ich nach Belieben, da war alles heilig, aber es war etwas darin, was ich nicht begriff, ich mochte auch niemand fragen; ich brütete über mir selbst. Da kam der Frühling, es ging überall etwas um mich vor, woran ich keinen Teil hatte. Ich geriet in eine eigne Atmosphäre, sie erstickte mich fast, ich betrachtete meine Glieder, es war mir manchmal, als wäre ich doppelt und verschmölze dann wieder in Eins. Ein junger Mensch kam zu der Zeit ins Haus, er war hübsch und sprach oft tolles Zeug, ich wusste nicht recht, was er wollte, aber ich musste lachen. Meine Mutter hieß ihn öfters kommen, das war uns beiden recht. Endlich sahen wir nicht ein, warum wir nicht ebenso gut zwischen zwei Betttüchern beieinander liegen als auf zwei Stühlen nebeneinander sitzen durften. Ich fand dabei mehr Vergnügen als bei seiner Unterhaltung und sah nicht ab, warum man mir das Geringere gewähren und das Größere entziehen wollte. Wir taten's heimlich. Das ging so fort. Aber ich wurde wie ein Meer, was alles verschlang und sich tiefer und tiefer wühlte. Es war für mich nur ein Gegensatz da, alle Männer verschmolzen in *einen* Leib. Meine Natur war einmal so, wer kann da drüber hinaus? Endlich merkt' er's. Er kam eines Morgens und küsste mich, als wollte er mich ersticken, seine Arme schnürten sich um meinen Hals, ich war in unsäglicher Angst. Da ließ er mich los und lachte und sagte: Er hätte fast einen dum-

men Streich gemacht, ich solle mein Kleid nur behalten und es brauchen, es würde sich schon von selbst abtragen, er wolle mir den Spaß nicht vor der Zeit verderben, es wäre doch das Einzige, was ich hätte. Dann ging er, ich wusste wieder nicht, was er wollte. Den Abend saß ich am Fenster, ich bin sehr reizbar und hänge mit allem um mich nur durch eine Empfindung zusammen, ich versank in die Wellen der Abendröte. Da kam ein Haufe die Straße herab, die Kinder liefen voraus, die Weiber sahen aus den Fenstern. Ich sah hinunter, sie trugen ihn in einem Korb vorbei, der Mond schien auf seine bleiche Stirn, seine Locken waren feucht, er hatte sich ersäuft. Ich musste weinen. Das war der einzige Bruch in meinem Wesen. Die andern Leute haben Sonn- und Werktage, sie arbeiten sechs Tage und beten am siebenten, sie sind jedes Jahr auf ihren Geburtstag einmal gerührt und denken jedes Jahr auf Neujahr einmal nach. Ich begreife nichts davon. Ich kenne keinen Absatz, keine Veränderung. Ich bin immer nur Eins. Ein ununterbrochnes Sehnen und Fassen, eine Glut, ein Strom. Meine Mutter ist vor Gram gestorben, die Leute weisen mit Fingern auf mich. Das ist dumm. Es läuft auf eins hinaus, an was man seine Freude hat, an Leibern, Christusbildern, Blumen oder Kinderspielsachen, es ist das nämliche Gefühl, wer am meisten genießt, betet am meisten.

DANTON. Warum kann ich deine Schönheit nicht ganz in mich fassen, sie nicht ganz umschließen?
MARION. Danton, deine Lippen haben Augen.
DANTON. Ich möchte ein Teil des Äthers sein, um dich in meiner Flut zu baden, um mich auf jeder Welle deines schönen Leibes zu brechen.

Lacroix, Adelaide, Rosalie treten ein.

LACROIX *(bleibt in der Tür stehn)*. Ich muss lachen, ich muss lachen.
DANTON *(unwillig)*. Nun?
LACROIX. Die Gasse fällt mir ein.
DANTON. Und?
LACROIX. Auf der Gasse waren Hunde, eine Dogge und ein Bologneser Schoßhündlein, die quälten sich.

DANTON. Was soll das?
LACROIX. Das fiel mir nun grade so ein und da musst' ich lachen. Es sah erbaulich aus! Die Mädel guckten aus den Fenstern, man sollte vorsichtig sein und sie nicht einmal in der Sonne sitzen lassen, die Mücken treiben's ihnen sonst auf den Händen, das macht Gedanken. Legendre und ich sind fast durch alle Zellen gelaufen, die Nönnlein[1] von der Offenbarung durch das Fleisch hingen uns an den Rockschößen und wollten den Segen. Legendre gibt einer die Disziplin[2], aber er wird einen Monat dafür zu fasten bekommen. Da bringe ich zwei von den Priesterinnen mit dem Leib.
MARION. Guten Tag, Demoiselle Adelaide, guten Tag, Demoiselle Rosalie.
ROSALIE. Wir hatten schon lange nicht das Vergnügen.
MARION. Es war mir recht leid.
ADELAIDE. Ach Gott, wir sind Tag und Nacht beschäftigt.
DANTON *(zu Rosalie).* Ei Kleine, du hast ja geschmeidige Hüften bekommen.
ROSALIE. Ach ja, man vervollkommnet sich täglich.
LACROIX. Was ist der Unterschied zwischen dem antiken und einem modernen Adonis?
DANTON. Und Adelaide ist sittsam interessant geworden! Eine pikante Abwechslung. Ihr Gesicht sieht aus wie ein Feigenblatt, das sie sich vor den ganzen Leib hält. So ein Feigenbaum an einer so gangbaren Straße gibt einen erquicklichen Schatten.
ADELAIDE. Ich wäre ein Herdweg, wenn Monsieur ...
DANTON. Ich verstehe, nur nicht böse mein Fräulein.
LACROIX. So höre doch, ein moderner Adonis[3] wird nicht von einem Eber, sondern von Säuen zerrissen, er bekommt seine Wunde nicht am Schenkel, sondern in den Leisten und aus seinem Blut sprießen nicht Rosen hervor, sondern schießen Quecksilberblüten an[4].

---

[1] Prostituierte
[2] Geißelung
[3] Adonis, er wurde gemäß der griechischen Mythologie von einem Eber getötet.
[4] Quecksilberblüten ansetzen meint hier „von einer Geschlechtskrankheit befallen werden".

DANTON. Fräulein Rosalie ist ein restaurierter Torso, woran nur die Hüften und Füße antik sind. Sie ist eine Magnetnadel, was der Pol Kopf abstößt, zieht der Pol Fuß an, die Mitte ist ein Äquator, wo jeder eine Sublimattaufe[1] bekommt, der die Linie passiert.

LACROIX. Zwei barmherzige Schwestern[2], jede dient in einem Spital, d.h. in ihrem eignen Körper.

ROSALIE. Schämen Sie sich, unsere Ohren rot zu machen!

ADELAIDE. Sie sollten mehr Lebensart haben. *(Adelaide und Rosalie ab.)*

DANTON. Gute Nacht, ihr hübschen Kinder!

LACROIX. Gute Nacht, ihr Quecksilbergruben!

DANTON. Sie dauern mich, sie kommen um ihr Nachtessen.

LACROIX. Höre, Danton, ich komme von den Jakobinern.

DANTON. Nichts weiter?

LACROIX. Die Lyoner verlasen eine Proklamation, sie meinten, es bliebe ihnen nichts übrig, als sich in die Toga zu wickeln. Jeder machte ein Gesicht, als wollte er zu seinem Nachbarn sagen: Paetus[3], es schmerzt nicht! Legendre schrie, man wolle Chaliers und Marats Büsten zerschlagen; ich glaube, er will sich das Gesicht wieder rot machen, er ist ganz aus der terreur[4] herausgekommen, die Kinder zupfen ihn auf der Gasse am Rock.

DANTON. Und Robespierre?

LACROIX. Fingerte auf der Tribüne und sagte: die Tugend muss durch den Schrecken herrschen. Die Phrase machte mir Halsweh.

DANTON. Sie hobelt Bretter für die Guillotine.

LACROIX. Und Collot schrie wie besessen, man müsse die Masken abreißen.

DANTON. Da werden die Gesichter mitgehen.

Paris tritt ein.

---

[1] Vgl. S. 12, Fußnote 2.
[2] Gemeint sind hier Prostituierte.
[3] Paetus, ein in die Verschwörung um Kaiser Claudius verwickelter Römer [35]
[4] (frz.) terreur: Entsetzen, Schreckensherrschaft, Terror

LACROIX. Was gibt's, Fabricius?
PARIS. Von den Jakobinern weg ging ich zu Robespierre. Ich verlangte eine Erklärung. Er suchte eine Miene zu machen wie Brutus[1], der seine Söhne opfert. Er sprach im Allgemeinen von den Pflichten, sagte, der Freiheit gegenüber kenne er keine Rücksicht, er würde alles opfern, sich, seinen Bruder, seine Freunde.
DANTON. Das war deutlich, man braucht nur die Skala herumzukehren, so steht er unten und hält seinen Freunden die Leiter. Wir sind Legendre Dank schuldig, er hat sie sprechen gemacht.
LACROIX. Die Hébertisten sind noch nicht tot, das Volk ist materiell elend, das ist ein furchtbarer Hebel. Die Schale des Blutes darf nicht steigen, wenn sie dem Wohlfahrtsausschuss nicht zur Laterne werden soll, er hat Ballast nötig, er braucht einen schweren Kopf.
DANTON. Ich weiß wohl, – die Revolution ist wie Saturn[2], sie frisst ihre eignen Kinder. *(Nach einigem Besinnen.)* Doch, sie werden's nicht wagen.
LACROIX. Danton, du bist ein toter Heiliger, aber die Revolution kennt keine Reliquien, sie hat die Gebeine aller Könige auf die Gasse und alle Bildsäulen von den Kirchen geworfen. Glaubst du, man würde dich als Monument stehen lassen?
DANTON. Mein Name! Das Volk!
LACROIX. Dein Name! Du bist ein Gemäßigter, ich bin einer, Camille, Philippeau, Hérault. Für das Volk sind Schwäche und Mäßigung eins. Es schlägt die Nachzügler tot. Die Schneider von der Sektion der roten Mütze werden die ganze römische Geschichte in ihrer Nadel fühlen, wenn der Mann des September ihnen gegenüber ein Gemäßigter war.
DANTON. Sehr wahr, und außerdem – das Volk ist wie ein Kind, es muss alles zerbrechen, um zu sehen, was darin steckt.

---

[1] Anspielung auf Lucius Junius Brutus, der seine Kinder ermordet haben soll.
[2] Saturn, römischer Gott des Ackerbaus, der mit dem griechischen Gott Kronos verglichen wurde [43].

28 Dantons Tod

LACROIX. Und außerdem, Danton, sind wir lasterhaft, wie Robespierre sagt, d.h. wir genießen, und das Volk ist tugendhaft, d.h. es genießt nicht, weil ihm die Arbeit die Genussorgane stumpf macht, es besäuft sich nicht, weil es kein Geld hat, und es geht nicht ins Bordell, weil es nach Käs und Hering aus dem Hals stinkt und die Mädel davor einen Ekel haben.

DANTON. Es hasst die Genießenden, wie ein Eunuch[1] die Männer.

LACROIX. Man nennt uns Spitzbuben und *(sich zu den Ohren Dantons neigend)* es ist, unter uns gesagt, so halbwegs was Wahres dran. Robespierre und das Volk werden tugendhaft sein, St. Just wird einen Roman schreiben und Barère[2] wird eine Carmagnole[3] schneidern und dem Konvent das Blutmäntelchen umhängen und – ich sehe alles.

DANTON. Du träumst. Sie hatten nie Mut ohne mich, sie werden keinen gegen mich haben; die Revolution ist noch nicht fertig, sie könnten mich noch nötig haben, sie werden mich im Arsenal aufheben.

LACROIX. Wir müssen handeln.

DANTON. Das wird sich finden.

LACROIX. Es wird sich finden, wenn wir verloren sind.

MARION *(zu Danton)*. Deine Lippen sind kalt geworden, deine Worte haben deine Küsse erstickt.

DANTON *(zu Marion)*. So viel Zeit zu verlieren! Das war der Mühe wert! *(Zu Lacroix.)* Morgen geh' ich zu Robespierre, ich werde ihn ärgern, da kann er nicht schweigen. Morgen also! Gute Nacht, meine Freunde, gute Nacht, ich danke euch.

LACROIX. Packt euch, meine guten Freunde. Packt euch! Gute Nacht, Danton, die Schenkel der Demoiselle guil-

---

[1] kastrierter Mann
[2] Bertrand Barère [1755–1841], Abgeordneter des dritten Standes in der Ständeversammlung und Abgeordneter im Nationalkonvent [6]
[3] Carmagnole, eine Bauernjacke, die die französischen Revolutionäre trugen

lotinieren dich, der Mons Veneris[1] wird dein tarpejischer Fels[2].
(Ab.)

[I, 6] Ein Zimmer

Robespierre. Danton. Paris.

ROBESPIERRE. Ich sage dir, wer mir in den Arm fällt, wenn ich das Schwert ziehe, ist mein Feind, seine Absicht tut nichts zur Sache; wer mich verhindert, mich zu verteidigen, tötet mich so gut, als wenn er mich angriffe.

DANTON. Wo die Notwehr aufhört, fängt der Mord an, ich sehe keinen Grund, der uns länger zum Töten zwänge.

ROBESPIERRE. Die soziale Revolution ist noch nicht fertig, wer eine Revolution zur Hälfte vollendet, gräbt sich selbst sein Grab. Die gute Gesellschaft ist noch nicht tot, die gesunde Volkskraft muss sich an die Stelle dieser nach allen Richtungen abgekitzelten Klasse setzen. Das Laster muss bestraft werden, die Tugend muss durch den Schrecken herrschen.

DANTON. Ich verstehe das Wort Strafe nicht.

Mit deiner Tugend, Robespierre! Du hast kein Geld genommen, du hast keine Schulden gemacht, du hast bei keinem Weibe geschlafen, du hast immer einen anständigen Rock getragen und dich nie betrunken. Robespierre, du bist empörend rechtschaffen. Ich würde mich schämen, dreißig Jahre lang mit der nämlichen Moralphysiognomie zwischen Himmel und Erde herumzulaufen, bloß um des elenden Vergnügens willen, andre schlechter zu finden als mich.

Ist denn nichts in dir, was dir nicht manchmal ganz leise, heimlich sagte, du lügst, du lügst!

ROBESPIERRE. Mein Gewissen ist rein.

DANTON. Das Gewissen ist ein Spiegel, vor dem ein Affe sich quält; jeder putzt sich, wie er kann, und geht auf

---

[1] Venushügel
[2] Spitze des Kapitolsberges im antiken Rom, von dem die zum Tode Verurteilten herabgestürzt wurden

seine eigne Art auf seinen Spaß dabei aus. Das ist der Mühe wert, sich darüber in den Haaren zu liegen. Jeder mag sich wehren, wenn ein andrer ihm den Spaß verdirbt. Hast du das Recht, aus der Guillotine einen Waschzuber[1] für die unreine Wäsche anderer Leute und aus ihren abgeschlagnen Köpfen Fleckkugeln für ihre schmutzigen Kleider zu machen, weil du immer einen sauber gebürsteten Rock trägst? Ja, du kannst dich wehren, wenn sie dir drauf spucken oder Löcher hineinreißen, aber was geht es dich an, solang sie dich in Ruhe lassen? Wenn sie sich nicht genieren, so herumzugehn, hast du deswegen das Recht, sie ins Grabloch zu sperren? Bist du der Polizeisoldat des Himmels? Und kannst du es nicht ebenso gut mit ansehn als dein lieber Herrgott, so halte dir dein Schnupftuch vor die Augen.

ROBESPIERRE. Du leugnest die Tugend?
DANTON. Und das Laster. Es gibt nur Epikureer[2], und zwar grobe und feine, Christus war der feinste; das ist der einzige Unterschied, den ich zwischen den Menschen herausbringen kann. Jeder handelt seiner Natur gemäß, d. h. er tut, was ihm wohl tut. Nicht wahr Unbestechlicher, es ist grausam dir die Absätze so von den Schuhen zu treten?
ROBESPIERRE. Danton, das Laster ist zu gewissen Zeiten Hochverrat.
DANTON. Du darfst es nicht proskribieren[3], um's Himmelswillen nicht, das wäre undankbar, du bist ihm zu viel schuldig, durch den Kontrast nämlich.
Übrigens, um bei deinen Begriffen zu bleiben, unsere Streiche müssen der Republik nützlich sein, man darf die Unschuldigen nicht mit den Schuldigen treffen.
ROBESPIERRE. Wer sagt dir denn, dass ein Unschuldiger getroffen worden sei?
DANTON. Hörst du, Fabricius? Es starb kein Unschuldiger! *(Er geht, im Hinausgehn zu Paris.)* Wir dürfen keinen

---

[1] Zuber: Holzbottich
[2] der Lehre Epikurs folgend [20]
[3] ächten, verbannen

Augenblick verlieren, wir müssen uns zeigen! *(Danton und Paris ab.)*

ROBESPIERRE *(allein).* Geh nur! Er will die Rosse der Revolution am Bordell halten machen wie ein Kutscher seine dressierten Gäule; sie werden Kraft genug haben, ihn zum Revolutionsplatz zu schleifen.

Mir die Absätze von den Schuhen treten! Um bei deinen Begriffen zu bleiben! Halt! Halt! Ist's das eigentlich? Sie werden sagen, seine gigantische Gestalt hätte zu viel Schatten auf mich geworfen, ich hätte ihn deswegen aus der Sonne gehen heißen.

Und wenn sie Recht hätten?

Ist's denn so notwendig? Ja, ja! Die Republik! Er muss weg.

Es ist lächerlich, wie meine Gedanken einander beaufsichtigen. Er muss weg. Wer in einer Masse, die vorwärtsdrängt, stehen bleibt, leistet so gut Widerstand als trät' er ihr entgegen; er wird zertreten.

Wir werden das Schiff der Revolution nicht auf den seichten Berechnungen und den Schlammbänken dieser Leute stranden lassen, wir müssen die Hand abhauen, die es zu halten wagt, und wenn er es mit den Zähnen packte!

Weg mit einer Gesellschaft, die der toten Aristokratie die Kleider ausgezogen und ihren Aussatz geerbt hat.

Keine Tugend! Die Tugend ein Absatz meiner Schuhe! Bei meinen Begriffen!

Wie das immer wieder kommt.

Warum kann ich den Gedanken nicht loswerden? Er deutet mit blutigem Finger immer da, da hin! Ich mag so viel Lappen darum wickeln, als ich will, das Blut schlägt immer durch. – *(Nach einer Pause.)* Ich weiß nicht, was in mir das Andere belügt.

(Er tritt ans Fenster.) Die Nacht schnarcht über der Erde und wälzt sich im wüsten Traum. Gedanken, Wünsche, kaum geahnt, wirr und gestaltlos, die scheu sich vor des Tages Licht verkrochen, empfangen jetzt Form und Gewand und stehlen sich in das stille Haus des Traums. Sie öffnen die Türen, sie sehen aus den Fenstern, sie werden halbwegs Fleisch, die Glieder strecken

sich im Schlaf, die Lippen murmeln. – Und ist nicht unser Wachen ein hellerer Traum, sind wir nicht Nachtwandler, ist nicht unser Handeln, wie das im Traum, nur deutlicher, bestimmter, durchgeführter? Wer will uns darum schelten? In einer Stunde verrichtet der Geist mehr Taten des Gedankens, als der träge Organismus unsres Leibes in Jahren nachzutun vermag. Die Sünde ist im Gedanken. Ob der Gedanke Tat wird, ob ihn der Körper nachspielt, das ist Zufall.

St. Just tritt ein.

ROBESPIERRE. He, wer da im Finstern? He Licht, Licht!
ST. JUST. Kennst du meine Stimme?
ROBESPIERRE. Ah, du St. Just! *(Eine Dienerin bringt Licht.)*
ST. JUST. Warst du allein?
ROBESPIERRE. Eben ging Danton weg.
ST. JUST. Ich traf ihn unterwegs im Palais Royal. Er machte seine revolutionäre Stirn und sprach in Epigrammen[1]; er duzte sich mit den Ohnehosen[2], die Grisetten[3] liefen hinter seinen Waden drein und die Leute blieben stehn und zischelten sich in die Ohren, was er gesagt hatte. Wir werden den Vorteil des Angriffs verlieren. Willst du noch länger zaudern? Wir werden ohne dich handeln. Wir sind entschlossen.
ROBESPIERRE. Was wollt ihr tun?
ST. JUST. Wir berufen den Gesetzgebungs-, den Sicherheits- und den Wohlfahrtsausschuss zu feierlicher Sitzung.
ROBESPIERRE. Viel Umstände.
ST. JUST. Wir müssen die große Leiche mit Anstand begraben, wie Priester, nicht wie Mörder. Wir dürfen sie nicht zerstücken, all ihre Glieder müssen mit hinunter.
ROBESPIERRE. Sprich deutlicher.
ST. JUST. Wir müssen ihn in seiner vollen Waffenrüstung beisetzen und seine Pferde und Sklaven auf seinem Grabhügel schlachten: Lacroix –

---
[1] Kurzgedichte
[2] Vgl. Seite 15, Fußnote 2.
[3] Prostituierte

ROBESPIERRE. Ein ausgemachter Spitzbube, gewesner Advokatenschreiber, gegenwärtig Generallieutnant von Frankreich. Weiter.
ST. JUST. Hérault-Séchelles.
ROBESPIERRE. Ein schöner Kopf.
ST. JUST. Er war der schön gemalte Anfangsbuchstabe der Konstitutionsakte, wir haben dergleichen Zierat nicht mehr nötig, er wird ausgewischt. Philippeau, Camille –
ROBESPIERRE. Auch den?
ST. JUST *(überreicht ihm ein Papier)*. Das dacht' ich. Da lies!
ROBESPIERRE. Aha, ‚Der alte Franziskaner'[1] sonst nichts? Er ist ein Kind, er hat über euch gelacht.
ST. JUST. Lies, hier! Hier! *(Er zeigt ihm eine Stelle.)*
ROBESPIERRE *(liest)*. „Dieser Blutmessias Robespierre auf seinem Kalvarienberge[2] zwischen den beiden Schächern[3] Couthon[4] und Collot, auf dem er opfert und nicht geopfert wird. Die Guillotinenbetschwestern stehen wie Maria und Magdalena unten. St. Just liegt ihm wie Johannes am Herzen und macht den Konvent mit den apokalyptischen Offenbarungen des Meisters bekannt, er trägt seinen Kopf wie eine Monstranz[5]."
ST. JUST. Ich will ihn den seinigen wie St. Denis tragen machen.
ROBESPIERRE *(liest weiter)*. „Sollte man glauben, dass der saubere Frack des Messias das Leichenhemd Frankreichs ist und dass seine dünnen auf der Tribüne herumzuckenden Finger Guillotinmesser sind?
Und du, Barère, der du gesagt hast, auf dem Revolutionsplatz werde Münze geschlagen. Doch – ich will den alten Sack nicht aufwühlen. Er ist eine Witwe, die schon ein halb Dutzend Männer hatte und sie alle begraben half. Wer kann was dafür? Das ist so seine Gabe, er sieht

---

[1] von Camille Desmoulins herausgegebene Zeitung: „le vieux cordelier"
[2] Schädelberg, Kreuzberg, Kreuzigungsort von Jesus Christus
[3] biblischer Ausdruck für Räuber, Mörder
[4] Georges Auguste Couthon [1755–1794], Anhänger von Robespierre. Er starb unter dem Fallbeil [13].
[5] Gefäß zur Aufbewahrung einer geweihten Hostie

den Leuten ein halbes Jahr vor dem Tode das hippokratische Gesicht[1] an. Wer mag sich auch zu Leichen setzen und den Gestank riechen?"
Also auch du, Camille?
Weg mit ihnen! Rasch! Nur die Toten kommen nicht wieder. Hast du die Anklage bereit?

St. Just. Es macht sich leicht. Du hast die Andeutungen bei den Jakobinern gemacht.

Robespierre. Ich wollte sie schrecken.

St. Just. Ich brauche nur durchzuführen, die Fälscher geben das Ei und die Fremden den Apfel ab. Sie sterben an der Mahlzeit, ich gebe dir mein Wort.

Robespierre. Dann rasch, morgen. Keinen langen Todeskampf! Ich bin empfindlich seit einigen Tagen. Nur rasch! *(St. Just ab.)*

Robespierre *(allein.)* Ja wohl, Blutmessias, der opfert und nicht geopfert wird. – Er hat sie mit seinem Blut erlöst und ich erlöse sie mit ihrem eignen. Er hat sie sündigen gemacht und ich nehme die Sünde auf mich. Er hatte die Wollust des Schmerzes und ich habe die Qual des Henkers.

Wer hat sich mehr verleugnet, ich oder er? –

Und doch ist was von Narrheit in dem Gedanken. –

Was sehen wir nur immer nach dem Einen? Wahrlich, des Menschensohn[2] wird in uns allen gekreuzigt, wir ringen alle im Gethsemanegarten[3] im blutigen Schweiß, aber es erlöst keiner den andern mit seinen Wunden. – Mein Camille! – Sie gehen alle von mir – es ist alles wüst und leer – ich bin allein.

---

[1] der Gesichtsausdruck von Sterbenden
[2] Jesus Christus
[3] Gethsemane (aramäisch: Ölkelter), meint hier einen Olivenhain, in den sich Jesus Christus vor seiner Verhaftung mit seinen Jüngern begab [21].

Zweiter Akt

[II, 1] Ein Zimmer

*Danton, Lacroix, Philippeau, Paris,
Camille Desmoulins.*

CAMILLE. Rasch, Danton, wir haben keine Zeit zu verlieren.

DANTON *(er kleidet sich an)*. Aber die Zeit verliert uns. Das ist sehr langweilig, immer das Hemd zuerst und dann die Hosen drüber zu ziehen und des Abends ins Bett und morgens wieder herauszukriechen und einen Fuß immer so vor den andern zu setzen, da ist gar kein Absehens, wie es anders werden soll. Das ist sehr traurig, und dass Millionen es schon so gemacht haben und dass Millionen es wieder so machen werden und dass wir noch obendrein aus zwei Hälften bestehen, die beide das Nämliche tun, sodass alles doppelt geschieht. Das ist sehr traurig.

CAMILLE. Du sprichst in einem ganz kindlichen Ton.

DANTON. Sterbende werden oft kindisch.

LACROIX. Du stürzest dich durch dein Zögern ins Verderben, du reißest alle deine Freunde mit dir. Benachrichtige die Feiglinge, dass es Zeit ist, sich um dich zu versammeln, fordere sowohl die vom Tale als die vom Berge auf. Schreie über die Tyrannei der Dezemvirn, sprich von Dolchen, rufe Brutus an, dann wirst du die Tribunen erschrecken und selbst die um dich sammeln, die man als Mitschuldige Héberts bedroht. Du musst dich deinem Zorn überlassen. Lasst uns wenigstens nicht entwaffnet und erniedrigt wie der schändliche Hébert sterben.

DANTON. Du hast ein schlechtes Gedächtnis, du nanntest mich einen toten Heiligen. Du hattest mehr Recht, als du selbst glaubtest. Ich war bei den Sektionen, sie waren ehrfurchtsvoll, aber wie Leichenbitter.[1] Ich bin eine Reliquie und Reliquien wirft man auf die Gasse, du hattest Recht.

LACROIX. Warum hast du es dazu kommen lassen?

---

[1] Person, die früher zur Beerdigung einlud

DANTON. Dazu? Ja wahrhaftig, es war mir zuletzt langweilig. Immer im nämlichen Rock herumzulaufen und die nämlichen Falten zu ziehen! Das ist erbärmlich. So ein armseliges Instrument zu sein, auf dem eine Saite immer nur einen Ton angibt! S' ist nicht zum Aushalten. Ich wollte mir's bequem machen. Ich hab' es erreicht, die Revolution setzt mich in Ruhe, aber auf andere Weise, als ich dachte.

Übrigens, auf was sich stützen? Unsere Huren könnten es noch mit den Guillotinenbetschwestern aufnehmen, sonst weiß ich nichts. Es lässt sich an den Fingern herzählen: Die Jakobiner haben erklärt, dass die Tugend an der Tagesordnung sei, die Cordeliers[1] nennen mich Héberts Henker, der Gemeinderat tut Buße, der Konvent, – das wäre noch ein Mittel! Aber es gäbe einen 31. Mai, sie würden nicht gutwillig weichen. Robespierre ist das Dogma der Revolution, es darf nicht ausgestrichen werden. Es ginge auch nicht. Wir haben nicht die Revolution, sondern die Revolution hat uns gemacht.

Und wenn es ginge – ich will lieber guillotiniert werden, als guillotinieren lassen. Ich hab es satt, wozu sollen wir Menschen miteinander kämpfen? Wir sollten uns nebeneinandersetzen und Ruhe haben. Es wurde ein Fehler gemacht, wie wir geschaffen wurden, es fehlt uns etwas, ich habe keinen Namen dafür, wir werden es einander nicht aus den Eingeweiden herauswühlen, was sollen wir uns drum die Leiber aufbrechen? Geht, wir sind elende Alchymisten.

CAMILLE. Pathetischer gesagt würde es heißen: Wie lange soll die Menschheit im ewigen Hunger ihre eignen Glieder fressen? Oder, wie lange sollen wir Schiffbrüchige auf einem Wrack in unlöschbarem Durst einander das Blut aus den Adern saugen? Oder, wie lange sollen wir Algebraisten im Fleisch beim Suchen nach dem unbekannten, ewig verweigerten X unsere Rechnungen mit zerfetzten Gliedern schreiben?

DANTON. Du bist ein starkes Echo.

---

[1] Ein ehemaliges Kloster der Cordeliers war Treffpunkt einer Gruppe um Marat, Danton, Camille, Hébert und Desmoulins [12].

CAMILLE. Nicht wahr, ein Pistolenschuss schallt gleich wie ein Donnerschlag. Desto besser für dich, du solltest mich immer bei dir haben.
PHILIPPEAU. Und Frankreich bleibt seinen Henkern?
DANTON. Was liegt daran? Die Leute befinden sich ganz wohl dabei. Sie haben Unglück, kann man mehr verlangen, um gerührt, edel, tugendhaft oder witzig zu sein oder um überhaupt keine Langeweile zu haben?
Ob sie nun an der Guillotine oder am Fieber oder am Alter sterben? Es ist noch vorzuziehen, sie treten mit gelenken Gliedern hinter die Kulissen und können im Abgehen noch hübsch gestikulieren und die Zuschauer klatschen hören. Das ist ganz artig und passt für uns, wir stehen immer auf dem Theater, wenn wir auch zuletzt im Ernst erstochen werden.
Es ist recht gut, dass die Lebenszeit ein wenig reduziert wird, der Rock war zu lang, unsere Glieder konnten ihn nicht ausfüllen. Das Leben wird ein Epigramm[1], das geht an, wer hat auch Atem und Geist genug für ein Epos[2] in fünfzig oder sechzig Gesängen? S' ist Zeit, dass man das bisschen Essenz nicht mehr aus Zubern, sondern aus Liqueurgläschen trinkt, so bekommt man doch das Maul voll, sonst konnte man kaum einige Tropfen in dem plumpen Gefäß zusammenrinnen machen.
Endlich – ich müsste schreien, das ist mir der Mühe zu viel, das Leben ist nicht die Arbeit wert, die man sich macht, es zu erhalten.
PARIS. So flieh, Danton!
DANTON. Nimmt man das Vaterland an den Schuhsohlen mit? Und endlich – und das ist die Hauptsache: Sie werden's nicht wagen. *(Zu Camille.)* Komm mein Junge, ich sage dir, sie werden's nicht wagen. Adieu. Adieu!
(Danton und Camille ab.)
PHILIPPEAU. Da geht er hin.
LACROIX. Und glaubt kein Wort von dem, was er gesagt hat. Nichts als Faulheit! Er will sich lieber guillotinieren lassen als eine Rede halten.
PARIS. Was tun?

[1] Kurzgedicht
[2] Erzählung in Versen

LACROIX. Heimgehn und als Lucrecia auf einen anständigen Fall studieren.

[II, 2] Eine Promenade

Spaziergänger.

EIN BÜRGER. Meine gute Jacqueline, ich wollte sagen Corn ..., wollt' ich Cor ...
SIMON. Cornelia, Bürger, Cornelia.
BÜRGER. Meine gute Cornelia hat mich mit einem Knäblein erfreut.
SIMON. Hat der Republik einen Sohn geboren.
BÜRGER. Der Republik, das lautet zu allgemein, man könnte sagen ...
SIMON. Das ist's gerade, das Einzelne muss sich dem Allgemeinen ...
BÜRGER. Ach ja, das sagt meine Frau auch.
BÄNKELSÄNGER. Was doch ist, was doch ist
              Aller Männer Freud und Lüst?
BÜRGER. Ach mit den Namen, da komm ich gar nicht ins Reine.
SIMON. Tauf ihn: Pike, Marat.
BÄNKELSÄNGER. Unter Kummer, unter Sorgen
              Sich bemühn vom frühen Morgen
              Bis der Tag vorüber ist.
BÜRGER. Ich hätte gern drei, es ist doch was mit der Zahl drei, und dann was Nützliches und was Rechtliches, jetzt hab' ich's: Pflug, Robespierre.
Und dann das dritte?
SIMON. Pike.
BÜRGER. Ich dank Euch, Nachbar. Pike, Pflug, Robespierre, das sind hübsche Namen, das macht sich schön.
SIMON. Ich sage dir, die Brust deiner Cornelia wird wie das Euter der römischen Wölfin, nein, das geht nicht, Romulus war ein Tyrann; das geht nicht. *(Gehn vorbei.)*
EIN BETTLER *(singt.)*
            Eine Handvoll Erde
            Und ein wenig Moos ...
Liebe Herren, schöne Damen!

ERSTER HERR. Kerl, arbeite, du siehst ganz wohlgenährt aus.
ZWEITER HERR. Da! *(Er gibt ihm Geld.)* Er hat eine Hand wie Samt. Das ist unverschämt.
BETTLER. Mein Herr, wo habt Ihr Euren Rock her?
ZWEITER HERR. Arbeit, Arbeit! Du könntest den nämlichen haben, ich will dir Arbeit geben, komm zu mir, ich wohne …
BETTLER. Herr, warum habt Ihr gearbeitet?
ZWEITER HERR. Narr, um den Rock zu haben.
BETTLER. Ihr habt Euch gequält, um einen Genuss zu haben, denn so ein Rock ist ein Genuss, ein Lumpen tut's auch.
ZWEITER HERR. Freilich, sonst geht's nicht.
BETTLER. Dass ich ein Narr wäre. Das hebt einander. Die Sonne scheint warm an das Eck und das geht ganz leicht.

(Singt.)   Eine Handvoll Erde
               Und ein wenig Moos …

ROSALIE *(zu Adelaiden).* Mach fort, da kommen Soldaten, wir haben seit gestern nichts Warmes in den Leib gekriegt.

BETTLER.   Ist auf dieser Erde
               Einst mein letztes Los!

Meine Herren, meine Damen!
SOLDAT. Halt! Wo hinaus meine Kinder? *(Zu Rosalie.)* Wie alt bist du?
ROSALIE. So alt wie mein kleiner Finger.
SOLDAT. Du bist sehr spitz.
ROSALIE. Und du sehr stumpf.
SOLDAT. So will ich mich an dir wetzen.
Er singt.   Christinlein, lieb Christinlein mein,
               Tut dir der Schaden weh, Schaden weh,
               Schaden weh, Schaden weh?
ROSALIE *singt.*   Ach nein, ihr Herrn Soldaten,
               Ich hätt' es gerne meh, gerne meh,
               Gerne meh, gerne meh!

Danton und Camille treten auf.

DANTON. Geht das nicht lustig?

Ich wittre was in der Atmosphäre, es ist, als brüte die Sonne Unzucht aus.

Möchte man nicht drunter springen, sich die Hosen vom Leibe reißen und sich über den Hintern begatten wie die Hunde auf der Gasse? *(Gehen vorbei.)*

JUNGER HERR. Ach Madame, der Ton einer Glocke, das Abendlicht an den Bäumen, das Blinken eines Sterns ...

MADAME. Der Duft einer Blume, diese natürlichen Freuden, dieser reine Genuss der Natur! *(Zu ihrer Tochter.)* Sieh, Eugenie, nur die Tugend hat Augen dafür.

EUGENIE *(küsst ihrer Mutter die Hand)*. Ach Mama, ich sehe nur Sie!

MADAME. Gutes Kind!

JUNGER HERR *(zischelt Eugenien in's Ohr)*. Sehen Sie dort die hübsche Dame mit dem alten Herrn?

EUGENIE. Ich kenne sie.

JUNGER HERR. Man sagt, ihr Friseur habe sie à l'enfant frisiert.

EUGENIE *(lacht)*. Böse Zunge!

JUNGER HERR. Der alte Herr geht neben bei, er sieht das Knöspchen schwellen und führt es in die Sonne spazieren und meint, er sei der Gewitterregen, der es habe wachsen machen.

EUGENIE. Wie unanständig, ich hätte Lust, rot zu werden.

JUNGER HERR. Das könnte mich blass machen. *(Gehn ab.)*

DANTON *(zu Camille)*. Mute mir nichts Ernsthaftes zu. Ich begreife nicht, warum die Leute nicht auf der Gasse stehen bleiben und einander ins Gesicht lachen. Ich meine, sie müssten zu den Fenstern und zu den Gräbern heraus lachen und der Himmel müsse bersten und die Erde müsse sich wälzen vor Lachen. *(Gehn ab.)*

ERSTER HERR. Ich versichre Sie, eine außerordentliche Entdeckung! Alle technischen Künste bekommen dadurch eine andere Physiognomie. Die Menschheit eilt mit Riesenschritten ihrer hohen Bestimmung entgegen.

ZWEITER HERR. Haben Sie das neue Stück gesehen? Ein babylonischer Turm! Ein Gewirr von Gewölben, Treppchen, Gängen, und das alles so leicht und kühn in die

Luft gesprengt. Man schwindelt bei jedem Tritt. Ein bizarrer Kopf. *(Er bleibt verlegen stehn.)*
ERSTER HERR. Was haben Sie denn?
ZWEITER HERR. Ach nichts! Ihre Hand, Herr! Die Pfütze, so! Ich danke Ihnen. Kaum kam ich vorbei, das konnte gefährlich werden!
ERSTER HERR. Sie fürchteten doch nicht?
ZWEITER HERR. Ja, die Erde ist eine dünne Kruste, ich meine immer, ich könnte durchfallen, wo so ein Loch ist. Man muss mit Vorsicht auftreten, man könnte durchbrechen. Aber gehn Sie ins Theater, ich rat' es Ihnen.

[II, 3] Ein Zimmer

Danton. Camille. Lucile[1].

CAMILLE. Ich sage euch, wenn sie nicht alles in hölzernen Kopien bekommen, verzettelt in Theatern, Konzerten und Kunstausstellungen, so haben sie weder Augen noch Ohren dafür. Schnitzt einer eine Marionette, wo man den Strick hereinhängen sieht, an dem sie gezerrt wird und deren Gelenke bei jedem Schritt in fünffüßigen Jamben krachen, welch ein Charakter, welche Konsequenz! Nimmt einer ein Gefühlchen, eine Sentenz[2], einen Begriff und zieht ihm Rock und Hosen an, macht ihm Hände und Füße, färbt ihm das Gesicht und lässt das Ding sich drei Akte hindurch herumquälen, bis es sich zuletzt verheiratet oder sich totschießt – ein Ideal! Fiedelt einer eine Oper, welche das Schweben und Senken im menschlichen Gemüt wiedergibt wie eine Tonpfeife mit Wasser die Nachtigall – ach die Kunst!
Setzt die Leute aus dem Theater auf die Gasse: ach, die erbärmliche Wirklichkeit!
Sie vergessen ihren Herrgott über seinen schlechten Kopisten. Von der Schöpfung, die glühend, brausend und leuchtend, um und in ihnen, sich jeden Augenblick

---

[1] Lucile Desmoulins [1770–1794], Gattin von Camille. Sie wurde der Verschwörung angeklagt und starb unter dem Fallbeil.
[2] Sinnspruch

neu gebiert, hören und sehen sie nichts. Sie gehen ins Theater, lesen Gedichte und Romane, schneiden den Fratzen darin die Gesichter nach und sagen zu Gottes Geschöpfen: wie gewöhnlich!

Die Griechen wussten, was sie sagten, wenn sie erzählten, Pygmalions[1] Statue sei wohl lebendig geworden, habe aber keine Kinder bekommen.

DANTON. Und die Künstler gehn mit der Natur um wie David[2], der im September die Gemordeten, wie sie aus der Force[3] auf die Gasse geworfen wurden, kaltblütig zeichnete und sagte: Ich erhasche die letzten Zuckungen des Lebens in diesen Bösewichtern. *(Danton wird hinausgerufen.)*

CAMILLE. Was sagst du, Lucile?

LUCILE. Nichts, ich seh dich so gern sprechen.

CAMILLE. Hörst mich auch?

LUCILE. Ei freilich.

CAMILLE. Hab ich Recht, weißt du auch, was ich gesagt habe?

LUCILE. Nein, wahrhaftig nicht. *(Danton kommt zurück.)*

CAMILLE. Was hast du?

DANTON. Der Wohlfahrtsausschuss hat meine Verhaftung beschlossen. Man hat mich gewarnt und mir einen Zufluchtsort angeboten.

Sie wollen meinen Kopf, meinetwegen. Ich bin der Hudeleien überdrüssig. Mögen sie ihn nehmen. Was liegt daran? Ich werde mit Mut zu sterben wissen; das ist leichter, als zu leben.

CAMILLE. Danton, noch ist's Zeit.

DANTON. Unmöglich, – aber ich hätte nicht gedacht ...

CAMILLE. Deine Trägheit!

DANTON. Ich bin nicht träg, aber müde. Meine Sohlen brennen mich.

CAMILLE. Wo gehst du hin?

---

[1] Pygmalion ist in der griechischen Mythologie der König von Zypern [38].
[2] Jacques Louis David [1748–1825], bedeutender französischer Maler. Eines seiner bekanntesten Bilder ist „Der ermordete Marat" aus dem Jahre 1793.
[3] Pariser Gefängnis

DANTON. Ja, wer das wüsste!
CAMILLE. Im Ernst, wohin?
DANTON. Spazieren, mein Junge, spazieren! *(Er geht.)*
LUCILE. Ach Camille!
CAMILLE. Sei ruhig, lieb Kind.
LUCILE. Wenn ich denke, dass sie dies Haupt! – Mein Camille! Das ist Unsinn, gelt, ich bin wahnsinnig?
CAMILLE. Sei ruhig, Danton und ich sind nicht eins.
LUCILE. Die Erde ist weit und es sind viel Dinge drauf, warum denn gerade das eine? Wer sollte mir's nehmen? Das wäre arg. Was wollten sie auch damit anfangen?
CAMILLE. Ich wiederhole dir, du kannst ruhig sein. Gestern sprach ich mit Robespierre, er war freundlich. Wir sind ein wenig gespannt, das ist wahr, verschiedne Ansichten, sonst nichts!
LUCILE. Such' ihn auf.
CAMILLE. Wir saßen auf einer Schulbank. Er war immer finster und einsam. Ich allein suchte ihn auf und machte ihn zuweilen lachen. Er hat mir immer große Anhänglichkeit gezeigt. Ich gehe.
LUCILE. So schnell, mein Freund? Geh! Komm! Nur das *(sie küsst ihn)* und das! Geh! Geh! *(Camille ab.)*
Das ist eine böse Zeit. Es geht einmal so. Wer kann da drüber hinaus? Man muss sich fassen.
(Singt.) Ach Scheiden, ach Scheiden, ach Scheiden.
Wer hat sich das Scheiden erdacht?
Wie kommt mir gerad das in Kopf? Das ist nicht gut, dass es den Weg so von selbst findet.
Wie er hinaus ist, war mir's, als könnte er nicht mehr umkehren und müsse immer weiter weg von mir, immer weiter.
Wie das Zimmer so leer ist, die Fenster stehn offen, als hätte ein Toter drin gelegen. Ich halt' es da oben nicht aus. *(Sie geht.)*

[II, 4] Freies Feld

DANTON. Ich mag nicht weiter. Ich mag in dieser Stille mit dem Geplauder meiner Tritte und dem Keuchen meines

Atems nicht Lärmen machen. *(Er setzt sich nieder, nach einer Pause.)*
Man hat mir von einer Krankheit erzählt, die einem das Gedächtnis verlieren mache. Der Tod soll etwas davon haben. Dann kommt mir manchmal die Hoffnung, dass er vielleicht noch kräftiger wirke und einem alles verlieren mache. Wenn das wäre! Dann lief ich wie ein Christ um meinen Feind, d.h. mein Gedächtnis zu retten.
Der Ort soll sicher sein, ja für mein Gedächtnis, aber nicht für mich, mir gibt das Grab mehr Sicherheit, es schafft mir wenigstens Vergessen! Es tötet mein Gedächtnis. Dort aber lebt mein Gedächtnis und tötet mich. Ich oder es? Die Antwort ist leicht. *(Er erhebt sich und kehrt um.)*
Ich kokettiere mit dem Tod, es ist ganz angenehm, so aus der Entfernung mit dem Lorgnon[1] mit ihm zu liebäugeln. Eigentlich muss ich über die ganze Geschichte lachen. Es ist ein Gefühl des Bleibens in mir, was mir sagt, es wird morgen sein wie heute, und übermorgen und weiter hinaus ist alles wie eben. Das ist leerer Lärm, man will mich schrecken, sie werden's nicht wagen. *(Ab.)*

[II, 5] EIN ZIMMER

Es ist Nacht.

DANTON *(am Fenster)*. Will denn das nie aufhören? Wird das Licht nie ausglühn und der Schall nie modern, will's denn nie still und dunkel werden, dass wir uns die garstigen Sünden einander nicht mehr anhören und ansehen? — September! —
JULIE *(ruft von innen)*. Danton! Danton!
DANTON. He?
JULIE *(tritt ein)*. Was rufst du?
DANTON. Rief ich?
JULIE. Du sprachst von garstigen Sünden und dann stöhntest du: September!

---
[1] eine mit einem Stiel versehene Brille

DANTON. Ich, ich? Nein, ich sprach nicht, das dacht ich kaum, das waren nur ganz leise heimliche Gedanken.
JULIE. Du zitterst, Danton.
DANTON. Und soll ich nicht zittern, wenn so die Wände plaudern? Wenn mein Leib so zerschellt ist, dass meine Gedanken unstet, umirrend mit den Lippen der Steine reden? Das ist seltsam.
JULIE. Georg, mein Georg!
DANTON. Ja, Julie, das ist sehr seltsam. Ich möchte nicht mehr denken, wenn das gleich so spricht. Es gibt Gedanken, Julie, für die es keine Ohren geben sollte. Das ist nicht gut, dass sie bei der Geburt gleich schreien, wie Kinder. Das ist nicht gut.
JULIE. Gott erhalte dir deine Sinne, Georges, Georges, erkennst du mich?
DANTON. Ei, warum nicht, du bist ein Mensch und dann eine Frau und endlich meine Frau, und die Erde hat fünf Weltteile, Europa, Asien, Afrika, Amerika, Australien und zwei mal zwei macht vier. Ich bin bei Sinnen, siehst du. Schrie's nicht September? Sagtest du nicht so was?
JULIE. Ja, Danton, durch alle Zimmer hört' ich's.
DANTON. Wie ich an's Fenster kam – *(er sieht hinaus)* die Stadt ist ruhig, alle Lichter aus ...
JULIE. Ein Kind schreit in der Nähe.
DANTON. Wie ich an's Fenster kam – durch alle Gassen schrie und zetert' es: September!
JULIE. Du träumtest, Danton. Fass dich.
DANTON. Träumtest? Ja, ich träumte, doch das war anders, ich will dir es gleich sagen, mein armer Kopf ist schwach, gleich! So, jetzt hab ich's! Unter mir keuchte die Erdkugel in ihrem Schwung, ich hatte sie wie ein wildes Ross gepackt, mit riesigen Gliedern wühlt' ich in ihrer Mähne und presst' ich ihre Rippen, das Haupt abwärts gebückt, die Haare flatternd über dem Abgrund. So ward ich geschleift. Da schrie ich in der Angst, und ich erwachte. Ich trat an's Fenster – und da hört' ich's, Julie.
Was das Wort nur will? Warum gerade das, was hab' ich damit zu schaffen. Was streckt es nach mir die blutigen Hände? Ich hab' es nicht geschlagen.

O hilf mir, Julie, mein Sinn ist stumpf. War's nicht im September, Julie?

JULIE. Die Könige waren nur noch vierzig Stunden von Paris ...

DANTON. Die Festungen gefallen, die Aristokraten in der Stadt...

JULIE. Die Republik war verloren.

DANTON. Ja, verloren. Wir konnten den Feind nicht im Rücken lassen, wir wären Narren gewesen, zwei Feinde auf einem Brett, wir oder sie, der Stärkere stößt den Schwächeren hinunter, ist das nicht billig?

JULIE. Ja, ja.

DANTON. Wir schlugen sie, das war kein Mord, das war Krieg nach innen.

JULIE. Du hast das Vaterland gerettet.

DANTON. Ja, das hab' ich. Das war Notwehr, wir mussten. Der Mann am Kreuze hat sich's bequem gemacht: Es muss ja Ärgernis kommen[1], doch wehe dem, durch welchen Ärgernis kommt.

Es muss, das war dies Muss. Wer will der Hand fluchen, auf die der Fluch des Muss gefallen? Wer hat das Muss gesprochen, wer? Was ist das, was in uns hurt, lügt, stiehlt und mordet?

Puppen sind wir von unbekannten Gewalten am Draht gezogen; nichts, nichts wir selbst! Die Schwerter, mit denen Geister kämpfen, man sieht nur die Hände nicht, wie im Märchen.

Jetzt bin ich ruhig.

JULIE. Ganz ruhig, lieb Herz?

DANTON. Ja, Julie, komm, zu Bette!

[II, 6] Straße vor Dantons Haus

Simon. Bürgersoldaten.

SIMON. Wie weit ist's in der Nacht?
ERSTER BÜRGER. Was in der Nacht?

---

[1] in Anlehnung an Matthäus 18,7: „Es muss ja Verführung geben; doch wehe dem Menschen, der sie verschuldet."

SIMON. Wie weit ist die Nacht?
ERSTER BÜRGER. So weit als zwischen Sonnenuntergang und Sonnenaufgang.
SIMON. Schuft, wie viel Uhr?
ERSTER BÜRGER. Sieh auf dein Zifferblatt; es ist die Zeit, wo die Perpendikel[1] unter den Bettdecken ausschlagen.
SIMON. Wir müssen hinauf! Fort, Bürger! Wir haften mit unseren Köpfen dafür. Tot oder lebendig! Er hat gewaltige Glieder. Ich werde vorangehn, Bürger. Der Freiheit eine Gasse!
Sorgt für mein Weib! Eine Eichenkrone[2] werd' ich ihr hinterlassen.
ERSTER BÜRGER. Eine Eichelkron[3]? Es sollen ihr ohnehin jeden Tag Eicheln genug in den Schoß fallen.
SIMON. Vorwärts Bürger, ihr werdet euch um das Vaterland verdient machen.
ZWEITER BÜRGER. Ich wollte, das Vaterland machte sich um uns verdient; über all den Löchern, die wir in andrer Leute Körper machen, ist noch kein einziges in unsern Hosen zugegangen.
ERSTER BÜRGER. Willst du, dass dir dein Hosenlatz zuginge? Ha, ha, ha.
DIE ANDERN. Ha, ha, ha.
SIMON. Fort, fort! *(Sie dringen in Dantons Haus.)*

[II, 7] Der Nationalkonvent

Eine Gruppe von Deputierten.

LEGENDRE. Soll denn das Schlachten der Deputierten nicht aufhören?
Wer ist noch sicher, wenn Danton fällt?
EIN DEPUTIERTER. Was tun?
EIN ANDERER. Er muss vor den Schranken des Konvents gehört werden. Der Erfolg dieses Mittels ist sicher, was sollten sie seiner Stimme entgegensetzen?

---

[1] Uhrpendel
[2] vom römischen Senat vergebene Auszeichnung
[3] Penisspitze

EIN ANDERER. Unmöglich, ein Dekret verhindert uns.
LEGENDRE. Es muss zurückgenommen oder eine Ausnahme gestattet werden. Ich werde den Antrag machen. Ich rechne auf eure Unterstützung.
DER PRÄSIDENT. Die Sitzung ist eröffnet.
LEGENDRE *(besteigt die Tribüne)*. Vier Mitglieder des Nationalkonvents sind verflossene Nacht verhaftet worden. Ich weiß, dass Danton einer von ihnen ist, die Namen der Übrigen kenne ich nicht. Mögen sie übrigens sein, wer sie wollen, so verlange ich, dass sie vor den Schranken gehört werden. Bürger, ich erkläre es, ich halte Danton für ebenso rein wie mich selbst und ich glaube nicht, dass mir irgendein Vorwurf gemacht werden kann. Ich will kein Mitglied des Wohlfahrts- oder des Sicherheitsausschusses angreifen, aber gegründete Ursachen lassen mich fürchten, Privathass und Privatleidenschaften könnten der Freiheit Männer entreißen, die ihr die größten Dienste erwiesen haben. Der Mann, welcher im Jahre 1792 Frankreich durch seine Energie rettete, verdient, gehört zu werden, er muss sich erklären dürfen, wenn man ihn des Hochverrats anklagt. *(Heftige Bewegung.)*
EINIGE STIMMEN. Wir unterstützen Legendres Vorschlag.
EIN DEPUTIERTER. Wir sind hier im Namen des Volkes, man kann uns ohne den Willen unserer Wähler nicht von unseren Plätzen reißen.
EIN ANDERER. Eure Worte riechen nach Leichen, ihr habt sie den Girondisten aus dem Mund genommen. Wollt ihr Privilegien? Das Beil des Gesetzes schwebt über allen Häuptern.
EIN ANDERER. Wir können unsern Ausschüssen nicht erlauben, die Gesetzgeber aus dem Asyl des Gesetzes auf die Guillotine zu schicken.
EIN ANDERER. Das Verbrechen hat kein Asyl, nur gekrönte Verbrechen finden eins auf dem Thron.
EIN ANDERER. Nur Spitzbuben appellieren an das Asylrecht.
EIN ANDERER. Nur Mörder erkennen es nicht an.
ROBESPIERRE. Die seit langer Zeit in dieser Versammlung unbekannte Verwirrung beweist, dass es sich um große

Dinge handelt. Heute entscheidet sich's, ob einige Männer den Sieg über das Vaterland davontragen werden. Wie könnt ihr eure Grundsätze weit genug verleugnen, um heute einigen Individuen das zu bewilligen, was ihr gestern Chabot, Delaunay und Fabre[1] verweigert habt? Was soll dieser Unterschied zu Gunsten einiger Männer? Was kümmern mich die Lobsprüche, die man sich selbst und seinen Freunden spendet? Nur zu viele Erfahrungen haben uns gezeigt, was davon zu halten sei. Wir fragen nicht, ob ein Mann diese oder jene patriotische Handlung vollbracht habe, wir fragen nach seiner ganzen politischen Laufbahn.

Legendre scheint die Namen der Verhafteten nicht zu wissen, der ganze Konvent kennt sie. Sein Freund Lacroix ist darunter. Warum scheint Legendre das nicht zu wissen? Weil er wohl weiß, dass nur die Schamlosigkeit Lacroix[2] verteidigen kann. Er nannte nur Danton, weil er glaubt, an diesen Namen knüpfe sich ein Privilegium. Nein, wir wollen keine Privilegien, wir wollen keine Götzen! *(Beifall.)*

Was hat Danton vor Lafayette[3], vor Dumouriez[4], vor Brissot[5], Fabre, Chabot[6], Hébert[7] voraus? Was sagt man von diesen, was man nicht auch von ihm sagen könnte? Habt ihr sie gleichwohl geschont? Wodurch verdient er einen Vorzug vor seinen Mitbürgern? Etwa, weil einige betrogne Individuen und andere, die sich nicht betrügen

---

[1] Zusammen mit Danton stellte man Personen mit zweifelhafter Biografie vor Gericht [9].

[2] Jean-François Delacroix [1754–1794], Advokat und Revolutionär. Er starb unter dem Fallbeil [16].

[3] Marquis de Marie Joseph Motier Lafayette [1754–1834], frz. General und Politiker [29].

[4] Charles François Dumouriez [1739–1823], General und Vertreter der Girondisten [19].

[5] Jacques Pierre Brissot [1754–1793], Revolutionär und Wortführer der Girondisten. Er starb unter dem Fallbeil.

[6] François Chabot [1756–1794], Kapuzinermönch, war mitverantwortlich für die Septembermorde. Er starb unter dem Fallbeil.

[7] Jacques Hébert [1757–1794], Wortführer der extremen Gruppe der nach ihm benannten Hébertisten. Er starb unter dem Fallbeil [24 u. 25].

ließen, sich um ihn reihten, um in seinem Gefolge dem Glück und der Macht in die Arme zu laufen? Je mehr er die Patrioten betrogen hat, welche Vertrauen in ihn setzten, desto nachdrücklicher muss er die Strenge der Freiheitsfreunde empfinden.

Man will euch Furcht einflößen vor dem Missbrauche einer Gewalt, die ihr selbst ausgeübt habt. Man schreit über den Despotismus der Ausschüsse, als ob das Vertrauen, welches das Volk euch geschenkt und das ihr diesen Ausschüssen übertragen habt, nicht eine sichre Garantie ihres Patriotismus wäre. Man stellt sich, als zittre man. Aber ich sage euch, wer in diesem Augenblicke zittert, ist schuldig, denn nie zittert die Unschuld vor der öffentlichen Wachsamkeit. *(Allgemeiner Beifall.)*

Man hat auch mich schrecken wollen, man gab mir zu verstehen, dass die Gefahr, indem sie sich Danton nähere, auch bis zu mir dringen könne.

Man schrieb mir, Dantons Freunde hielten mich umlagert in der Meinung, die Erinnerung an eine alte Verbindung, der blinde Glauben an erheuchelte Tugenden könnten mich bestimmen, meinen Eifer und meine Leidenschaft für die Freiheit zu mäßigen.

So erkläre ich denn, nichts soll mich aufhalten, und sollte auch Dantons Gefahr die meinige werden. Wir alle haben etwas Mut und etwas Seelengröße nötig. Nur Verbrecher und gemeine Seelen fürchten ihresgleichen an ihrer Seite fallen zu sehen, weil sie, wenn keine Schar von Mitschuldigen sie mehr versteckt, sich dem Licht der Wahrheit ausgesetzt sehen. Aber wenn es dergleichen Seelen in dieser Versammlung gibt, so gibt es in ihr auch heroische. Die Zahl der Schurken ist nicht groß. Wir haben nur wenige Köpfe zu treffen und das Vaterland ist gerettet. *(Beifall.)* Ich verlange, dass Legendres Vorschlag zurückgewiesen werde. *(Die Deputierten erheben sich sämtlich zum Zeichen allgemeiner Bestimmung.)*

St. Just. Es scheint in dieser Versammlung einige empfindliche Ohren zu geben, die das Wort Blut nicht wohl vertragen können. Einige allgemeine Betrachtungen mögen sie überzeugen, dass wir nicht grausamer sind

als die Natur und als die Zeit. Die Natur folgt ruhig und unwiderstehlich ihren Gesetzen, der Mensch wird vernichtet, wo er mit ihnen in Konflikt kommt. Eine Veränderung in den Bestandteilen der Luft, ein Auflodern des tellurischen[1] Feuers, ein Schwanken in dem Gleichgewicht einer Wassermasse und einer Seuche, ein vulkanischer Ausbruch, eine Überschwemmung begraben Tausende. Was ist das Resultat? Eine unbedeutende, im großen Ganzen kaum bemerkbare Veränderung der physischen Natur, die fast spurlos vorübergegangen sein würde, wenn nicht Leichen auf ihrem Wege lägen.
Ich frage nun: soll die moralische Natur in ihren Revolutionen mehr Rücksicht nehmen als die physische? Soll eine Idee nicht ebenso gut wie ein Gesetz der Physik vernichten dürfen, was sich ihr widersetzt? Soll überhaupt ein Ereignis, was die ganze Gestaltung der moralischen Natur, d.h. der Menschheit umändert, nicht durch Blut gehen dürfen? Der Weltgeist bedient sich in der geistigen Sphäre unserer Arme ebenso, wie er in der physischen Vulkane oder Wasserfluten gebraucht. Was liegt daran, ob sie an einer Seuche oder an der Revolution sterben? –
Die Schritte der Menschheit sind langsam, man kann sie nur nach Jahrhunderten zählen, hinter jedem erheben sich die Gräber von Generationen. Das Gelangen zu den einfachsten Erfindungen und Grundsätzen hat Millionen das Leben gekostet, die auf dem Wege starben. Ist es denn nicht einfach, dass zu einer Zeit, wo der Gang der Geschichte rascher ist, auch mehr Menschen außer Atem kommen?
Wir schließen schnell und einfach: Da alle unter gleichen Verhältnissen geschaffen werden, so sind alle gleich, die Unterschiede abgerechnet, welche die Natur selbst gemacht hat. Es darf daher jeder Vorzüge und darf daher keiner Vorrechte haben, weder ein Einzelner, noch eine geringere oder größere Klasse von Individuen. Jedes Glied dieses in der Wirklichkeit angewandten

---

[1] die Erde betreffend

Satzes hat seine Menschen getötet. Der 14. Juli[1], der
10. August[2], der 31. Mai[3] sind seine Interpunktionszeichen. Er hatte vier Jahre Zeit nötig, um in der Körperwelt durchgeführt zu werden, und unter gewöhnlichen Umständen hätte er ein Jahrhundert dazu gebraucht und wäre mit Generationen interpunktiert worden. Ist es da so zu verwundern, dass der Strom der Revolution bei jedem Absatz, bei jeder neuen Krümmung seine Leichen ausstößt?

Wir werden unserm Satze noch einige Schlüsse hinzuzufügen haben, sollen einige Hundert Leichen uns verhindern, sie zu machen?

Moses führte sein Volk durch das Rote Meer und in die Wüste, bis die alte verdorbne Generation sich aufgerieben hatte, eh' er den neuen Staat gründete. Gesetzgeber! Wir haben weder das Rote Meer noch die Wüste, aber wir haben den Krieg und die Guillotine.

Die Revolution ist wie die Töchter des Pelias[4]; sie zerstückt die Menschheit, um sie zu verjüngen. Die Menschheit wird aus dem Blutkessel wie die Erde aus den Wellen der Sündflut mit urkräftigen Gliedern sich erheben, als wäre sie zum ersten Male geschaffen. *(Langer, anhaltender Beifall. Einige Mitglieder erheben sich im Enthusiasmus.)*

Alle geheimen Feinde der Tyrannei, welche in Europa und auf dem ganzen Erdkreise den Dolch des Brutus unter ihren Gewändern tragen, fordern wir auf, diesen erhabenen Augenblick mit uns zu teilen. *(Die Zuhörer und die Deputierten stimmen die Marseillaise an.)*

---

[1] Am 14. Juli 1789 wurde die Bastille erstürmt [5].
[2] Am 10. August 1792 wurde König Ludwig XVI gefangen genommen.
[3] 31. Mai 1793, Tag der Entmachtung der Girondisten
[4] Gemäß der griechischen Mythologie zerteilten die Töchter auf Veranlassung von Medea Pelias, ihren Vater, um ihn dadurch zu verjüngen.

Dritter Akt

[III, 1] Das Luxembourg.[1]
Ein Saal mit Gefangenen

Chaumette, Payne, Mercier, Hérault de Sechelles und andre Gefangne.

CHAUMETTE *(zupft Payne am Ärmel).* Hören Sie, Payne, es könnte doch so sein, vorhin überkam es mich so; ich habe heute Kopfweh, helfen Sie mir ein wenig mit Ihren Schlüssen, es ist mir ganz unheimlich zu Mut.

PAYNE. So komm, Philosoph Anaxagoras[2], ich will dich katechisieren. Es gibt keinen Gott, denn: Entweder hat Gott die Welt geschaffen oder nicht. Hat er sie nicht geschaffen, so hat die Welt ihren Grund in sich und es gibt keinen Gott, da Gott nur dadurch Gott wird, dass er den Grund alles Seins enthält. – Nun kann aber Gott die Welt nicht geschaffen haben, denn entweder ist die Schöpfung ewig wie Gott, oder sie hat einen Anfang. Ist Letzteres der Fall, so muss Gott sie zu einem bestimmten Zeitpunkt geschaffen haben, Gott muss also, nachdem er eine Ewigkeit geruht, einmal tätig geworden sein, muss also einmal eine Veränderung in sich erlitten haben, die den Begriff Zeit auf ihn anwenden lässt, was beides gegen das Wesen Gottes streitet. Gott kann also die Welt nicht geschaffen haben. Da wir nun aber sehr deutlich wissen, dass die Welt oder dass unser Ich wenigstens vorhanden ist und dass sie dem Vorhergehenden nach also auch ihren Grund in sich oder in etwas haben muss, das nicht Gott ist, so kann es keinen Gott geben. Quod erat demonstrandum.[3]

CHAUMETTE. Ei wahrhaftig, das gibt mir wieder Licht, ich danke, danke.

---

[1] Untersuchungsgefängnis zur Zeit der Französischen Revolution
[2] Anaxagoras aus Klazomenai [500–428 v. Chr.], griechischer Naturphilosoph [2].
[3] (lat.), was zu beweisen war. Abkürzung: q.e.d., Schlusssatz im mathematischen Beweisverfahren [39]

MERCIER. Halten Sie, Payne, wenn aber die Schöpfung ewig ist?

PAYNE. Dann ist sie schon keine Schöpfung mehr, dann ist sie Eins mit Gott oder ein Attribut desselben, wie Spinoza[1] sagt, dann ist Gott in allem, in Ihnen Wertester, im Philosoph Anaxagoras und in mir; das wäre so übel nicht, aber Sie müssen mir zugestehen, dass es gerade nicht viel um die himmlische Majestät ist, wenn der liebe Herrgott in jedem von uns Zahnweh kriegen, den Tripper[2] haben, lebendig begraben werden oder wenigstens die sehr unangenehmen Vorstellungen davon haben kann.

MERCIER. Aber eine Ursache muss doch da sein.

PAYNE. Wer leugnet dies; aber wer sagt Ihnen denn, dass diese Ursache das sei, was wir uns als Gott, d.h. als das Vollkommne denken? Halten Sie die Welt für vollkommen?

MERCIER. Nein.

PAYNE. Wie wollen Sie denn aus einer unvollkommnen Wirkung auf eine vollkommne Ursache schließen?

Voltaire[3] wagte es ebenso wenig mit Gott als mit den Königen zu verderben, deswegen tat er es. Wer einmal nichts hat als Verstand und ihn nicht einmal konsequent zu gebrauchen weiß oder wagt, ist ein Stümper.

MERCIER. Ich frage dagegen: kann eine vollkommne Ursache eine vollkommne Wirkung haben, d.h., kann etwas Vollkommnes was Vollkommnes schaffen? Ist das nicht unmöglich, weil das Geschaffne doch nie seinen Grund in sich haben kann, was doch, wie Sie sagten, zur Vollkommenheit gehört?

CHAUMETTE. Schweigen Sie! Schweigen Sie!

PAYNE. Beruhige dich Philosoph. Sie haben Recht; aber muss denn Gott einmal schaffen, kann er nur was Unvollkommnes schaffen, so lässt er es gescheuter ganz

---

[1] Baruch (Benedikt) Spinoza [1632–1677], Vertreter der Identitätsphilosophie [48]
[2] Geschlechtskrankheit
[3] Voltaire [1694–1778], sein eigentlicher Name war François Marie Arouet. Er war einer der führenden Vertreter der Aufklärung.

bleiben. Ist's nicht sehr menschlich, uns Gott nur als schaffend denken zu können? Weil wir uns immer regen und schütteln müssen, um uns nur immer sagen zu können: Wir sind! Müssen wir Gott auch dies elende Bedürfnis andichten? Müssen wir, wenn sich unser Geist in das Wesen einer harmonisch in sich ruhenden, ewigen Seligkeit versenkt, gleich annehmen, sie müsse die Finger ausstrecken und über Tisch Brotmännchen kneten? Aus überschwänglichem Liebesbedürfnis, wie wir uns ganz geheimnisvoll in die Ohren sagen. Müssen wir das alles, bloß um uns zu Göttersöhnen zu machen? Ich nehme mit einem geringern Vater vorlieb, wenigstens werd' ich ihm nicht nachsagen können, dass er mich unter seinem Stande in Schweinställen oder auf den Galeeren habe erziehen lassen.

Schafft das Unvollkommne weg, dann allein könnt ihr Gott demonstrieren, Spinoza hat es versucht. Man kann das Böse leugnen, aber nicht den Schmerz; nur der Verstand kann Gott beweisen, das Gefühl empört sich dagegen. Merke dir es, Anaxagoras, warum leide ich? Das ist der Fels des Atheismus. Das leiseste Zucken des Schmerzes, und rege es sich nur in einem Atom, macht einen Riss in der Schöpfung von oben bis unten.

MERCIER. Und die Moral?

PAYNE. Erst beweist ihr Gott aus der Moral und dann die Moral aus Gott. Was wollt ihr denn mit eurer Moral? Ich weiß nicht, ob es an und für sich was Böses oder was Gutes gibt, und habe deswegen doch nicht nötig, meine Handlungsweise zu ändern. Ich handle meiner Natur gemäß, was ihr angemessen, ist für mich gut und ich tue es und was ihr zuwider, ist für mich bös und ich tue es nicht und verteidige mich dagegen, wenn es mir in den Weg kommt. Sie können, wie man so sagt, tugendhaft bleiben und sich gegen das sogenannte Laster wehren, ohne deswegen ihre Gegner verachten zu müssen, was ein gar trauriges Gefühl ist.

CHAUMETTE. Wahr, sehr wahr!

HÉRAULT. O Philosoph Anaxagoras, man könnte aber auch sagen, damit Gott alles sei, müsse er auch sein eignes Gegenteil sein, d.h. vollkommen und unvollkommen, bös und gut, selig und leidend, das Resultat freilich würde gleich Null sein, es würde sich gegenseitig heben, wir kämen zum Nichts. Freue dich, du kömmst glücklich durch, du kannst ganz ruhig in Madame Momoro das Meisterstück der Natur anbeten, wenigstens hat sie dir die Rosenkränze dazu in den Leisten gelassen.

CHAUMETTE. Ich danke Ihnen verbindlichst, meine Herren. *(Ab.)*

PAYNE. Er traut noch nicht, er wird sich zu guter Letzt noch die Ölung geben, die Füße nach Mecca zu legen, und sich beschneiden lassen, um ja keinen Weg zu verfehlen.

Danton, Lacroix, Camille, Philippeau werden hereingeführt.

HÉRAULT *(läuft auf Danton zu und umarmt ihn)*. Guten Morgen, gute Nacht, sollte ich sagen. Ich kann nicht fragen. Wie hast du geschlafen? Wie wirst du schlafen?

DANTON. Nun gut, man muss lachend zu Bett gehn.

MERCIER *(zu Payne)*. Diese Dogge mit Taubenflügeln! Er ist der böse Genius der Revolution, er wagte sich an seine Mutter, aber sie war stärker als er.

PAYNE. Sein Leben und sein Tod sind ein gleich großes Unglück.

LACROIX *(zu Danton)*. Ich dachte nicht, dass sie so schnell kommen würden.

DANTON. Ich wusst' es, man hatte mich gewarnt.

LACROIX. Und du hast nichts gesagt?

DANTON. Zu was? Ein Schlagfluss ist der beste Tod, wolltest du zuvor krank sein? Und – ich dachte nicht, dass sie es wagen würden. *(Zu Hérault.)* Es ist besser, sich in die Erde legen als sich Leichdörner[1] auf ihr laufen; ich habe sie lieber zum Kissen als zum Schemel.

HÉRAULT. Wir werden wenigstens nicht mit Schwielen an den Fingern der hübschen Dame Verwesung die Wangen streicheln.

---

[1] Hornhautdorn am Fuß, der umgangssprachlich Hühnerauge und fachsprachlich Klavus genannt wird.

CAMILLE *(zu Danton)*. Gib dir nur keine Mühe. Du magst die Zunge noch so weit zum Hals heraushängen, du kannst dir damit doch nicht den Todesschweiß von der Stirne lecken. O Lucile! Das ist ein großer Jammer.
(Die Gefangnen drängen sich um die neu Angekommnen.)
DANTON *(zu Payne)*. Was Sie für das Wohl Ihres Landes getan, habe ich für das meinige versucht. Ich war weniger glücklich, man schickt mich aufs Schafott, meinetwegen, ich werde nicht stolpern.
MERCIER *(zu Danton)*. Das Blut der Zweiundzwanzig ersäuft dich.
EIN GEFANGENER *(zu Hérault)*. Die Macht des Volkes und die Macht der Vernunft sind eins.
EIN ANDRER *(zu Camille)*. Nun, Generalprokurator der Laterne, deine Verbesserung der Straßenbeleuchtung hat in Frankreich nicht heller gemacht.
EIN ANDRER. Lasst ihn! Das sind die Lippen, welche das Wort Erbarmen gesprochen. *(Er umarmt Camille, mehrere Gefangne folgen seinem Beispiel.)*
PHILIPPEAU. Wir sind Priester, die mit Sterbenden gebetet haben, wir sind angesteckt worden und sterben an der nämlichen Seuche.
EINIGE STIMMEN. Der Streich, der euch trifft, tötet uns alle.
CAMILLE. Meine Herren, ich beklage sehr, dass unsere Anstrengungen so fruchtlos waren, ich gehe auf's Schafott, weil mir die Augen über das Los einiger Unglücklichen nass geworden.

[III, 2] Ein Zimmer

Fouquier-Tinville. Herrmann.

FOUQUIER. Alles bereit?
HERRMANN. Es wird schwer halten; wäre Danton nicht darunter, so ginge es leicht.
FOUQUIER. Er muss vortanzen.
HERRMANN. Er wird die Geschwornen erschrecken; er ist die Vogelscheuche der Revolution.
FOUQUIER. Die Geschwornen müssen wollen.

HERRMANN: Ein Mittel wüsst' ich, aber es wird die gesetzliche Form verletzen.
FOUQUIER. Nur zu.
HERRMANN. Wir losen nicht, sondern suchen die Handfesten aus.
FOUQUIER. Das muss gehen. Das wird ein gutes Heckefeuer[1] geben. Es sind ihrer neunzehn. Sie sind geschickt zusammengewürfelt. Die vier Fälscher, dann einige Bankiers und Fremde. Es ist ein pikantes Gericht. Das Volk braucht dergleichen. Also zuverlässige Leute! Wer zum Beispiel?
HERRMANN. Leroi, er ist taub und hört daher nichts von all dem, was die Angeklagten vorbringen, Danton mag sich den Hals bei ihm rau schreien.
FOUQUIER. Sehr gut. Weiter!
HERRMANN. Vilatte und Lumiere, der eine sitzt immer in der Trinkstube und der andere schläft immer, beide öffnen den Mund nur, um das Wort: schuldig! zu sagen.
Girard hat den Grundsatz, es dürfe keiner entwischen, der einmal vor das Tribunal gestellt sei. Renaudin ...
FOUQUIER. Auch der? Er half einmal einigen Pfaffen durch.
HERRMANN. Sei ruhig, vor einigen Tagen kommt er zu mir und verlangt, man solle alle Verurteilten vor der Hinrichtung zur Ader lassen, um sie ein wenig matt zu machen, ihre meist trotzige Haltung ärgere ihn.
FOUQUIER. Ach sehr gut. Also ich verlasse mich.
HERRMANN. Lass mich nur machen.

[III, 3] Die Conciergerie. Ein Korridor

Lacroix, Danton, Mercier und andre Gefangne auf und ab gehend.

LACROIX *(zu einem Gefangnen).* Wie, so viel Unglückliche, und in einem so elenden Zustande?
DER GEFANGNE. Haben Ihnen die Guillotinenkarren nie gesagt, dass Paris eine Schlachtbank sei?

---

[1] aus dem Hinterhalt schießen

MERCIER. Nicht wahr, Lacroix? Die Gleichheit schwingt ihre Sichel über allen Häuptern, die Lava der Revolution fließt, die Guillotine republikanisiert! Da klatschen die Galerien und die Römer reiben sich die Hände, aber sie hören nicht, dass jedes dieser Worte das Röcheln eines Opfers ist. Geht einmal euren Phrasen nach, bis zu dem Punkt, wo sie verkörpert werden.
Blickt um euch, das alles habt ihr gesprochen, es ist eine mimische Übersetzung eurer Worte. Diese Elenden, ihre Henker und die Guillotine sind eure lebendig gewordnen Reden. Ihr bautet eure Systeme, wie Bajazet[1] seine Pyramiden, aus Menschenköpfen.

DANTON. Du hast Recht. Man arbeitet heutzutag alles in Menschenfleisch. Das ist der Fluch unserer Zeit. Mein Leib wird jetzt auch verbraucht.
Es ist jetzt ein Jahr, dass ich das Revolutionstribunal schuf. Ich bitte Gott und Menschen dafür um Verzeihung, ich wollte neuen Septembermorden zuvorkommen, ich hoffte, die Unschuldigen zu retten, aber dies langsame Morden mit seinen Formalitäten ist grässlicher und ebenso unvermeidlich. Meine Herren, ich hoffte, Sie alle diesen Ort verlassen zu machen.

MERCIER. Oh, herausgehen werden wir.

DANTON. Ich bin jetzt bei Ihnen, der Himmel weiß, wie das enden soll.

[III, 4] Das Revolutionstribunal

HERRMANN *(zu Danton).* Ihr Name, Bürger.

DANTON. Die Revolution nennt meinen Namen. Meine Wohnung ist bald im Nichts und mein Namen im Pantheon der Geschichte.

HERRMANN. Danton, der Konvent beschuldigt Sie, mit Mirabeau[2], mit Dumouriez, mit Orleans, mit den Girondis-

---

[1] Bajazet I [1389–1402], der erste osmanische Herrscher, der sich zum Sultan krönen ließ. Er wurde nach zahlreichen erfolgreichen Feldzügen von dem Mongolen Timur Lenk (Tamerlan) gefangengenommen.

[2] Honoré Gabriel du Riqueti Mirabeau, Graf von [1749–1791], Schriftsteller, Politiker und ausgezeichneter Redner [32]

ten, den Fremden und der Faktion Ludwig des XVII.[1] konspiriert zu haben.

DANTON. Meine Stimme, die ich so oft für die Sache des Volkes ertönen ließ, wird ohne Mühe die Verleumdung zurückweisen. Die Elenden, welche mich anklagen, mögen hier erscheinen und ich werde sie mit Schande bedecken. Die Ausschüsse mögen sich hierher begeben, ich werde nur vor ihnen antworten. Ich habe sie als Kläger und als Zeugen nötig. Sie mögen sich zeigen.
Übrigens, was liegt mir an euch und eurem Urteil. Ich hab' es euch schon gesagt: Das Nichts wird bald mein Asyl sein – das Leben ist mir zur Last, man mag mir es entreißen, ich sehne mich danach, es abzuschütteln.

HERRMANN. Danton, die Kühnheit ist dem Verbrechen, die Ruhe der Unschuld eigen.

DANTON. Privatkühnheit ist ohne Zweifel zu tadeln, aber jene Nationalkühnheit, die ich so oft gezeigt, mit welcher ich so oft für die Freiheit gekämpft habe, ist die verdienstvollste aller Tugenden. Sie ist meine Kühnheit, sie ist es, der ich mich hier zum Besten der Republik gegen meine erbärmlichen Ankläger bediene. Kann ich mich fassen, wenn ich mich auf eine so niedrige Weise verleumdet sehe? Von einem Revolutionär, wie ich, darf man keine kalte Verteidigung erwarten. Männer meines Schlages sind in Revolutionen unschätzbar, auf ihrer Stirne schwebt das Genie der Freiheit. *(Zeichen von Beifall unter den Zuhörern.)*
Mich klagt man an, mit Mirabeau, mit Dumouriez, mit Orleans konspiriert, zu den Füßen elender Despoten gekrochen zu haben, mich fordert man auf, vor der unentrinnbaren, unbeugsamen Gerechtigkeit zu antworten.
Du elender St. Just wirst der Nachwelt für diese Lästerung verantwortlich sein!

Ludwig XVII., [1785–1795]. Als Achtjähriger wurde er nach der Hinrichtung seines Vaters durch seinen Onkel Ludwig XVIII. zum König ausgerufen. Er starb 1795 in der Kerkerhaft.

HERRMANN. Ich fordere Sie auf, mit Ruhe zu antworten, gedenken Sie Marats, er trat mit Ehrfurcht vor seine Richter.

DANTON. Sie haben die Hände an mein ganzes Leben gelegt, so mag es sich denn aufrichten und ihnen entgegentreten, unter dem Gewichte jeder meiner Handlungen werde ich sie begraben.
Ich bin nicht stolz darauf. Das Schicksal führt uns den Arm, aber nur gewaltige Naturen sind seine Organe. Ich habe auf dem Marsfelde dem Königtume den Krieg erklärt, ich habe es am 10. August geschlagen, ich habe es am 21. Januar[1] getötet und den Königen einen Königskopf als Fehdehandschuh hingeworfen. *(Wiederholte Zeichen von Beifall. Er nimmt die Anklageakte.)*
Wenn ich einen Blick auf diese Schandschrift werfe, fühle ich mein ganzes Wesen beben. Wer sind denn die, welche Danton nötigen mussten, sich an jenem denkwürdigen Tage *(dem 10. August)* zu zeigen? Wer sind denn die privilegierten Wesen, von denen er seine Energie borgte? Meine Ankläger mögen erscheinen! Ich bin ganz bei Sinnen, wenn ich es verlange. Ich werde die platten Schurken entlarven und sie in das Nichts zurückschleudern, aus dem sie nie hätten hervorkriechen sollen.

HERRMANN *(schellt)*. Hören Sie die Klingel nicht?

DANTON. Die Stimme eines Menschen, welcher seine Ehre und sein Leben verteidigt, muss deine Schelle überschreien.
Ich habe im September die junge Brut der Revolution mit den zerstückten Leibern der Aristokraten geätzt. Meine Stimme hat aus dem Golde der Aristokraten und Reichen dem Volke Waffen geschmiedet. Meine Stimme war der Orkan, welcher die Satelliten des Despotismus unter Wogen von Bajonetten begrub. *(Lauter Beifall.)*

HERRMANN. Danton, Ihre Stimme ist erschöpft, Sie sind zu heftig bewegt. Sie werden das nächste Mal Ihre Verteidigung beschließen. Sie haben Ruhe nötig. Die Sitzung ist aufgehoben.

---

[1] 21. Januar 1793: Tag der Hinrichtung von Ludwig XVI.

DANTON. Jetzt kennt Ihr Danton; noch wenige Stunden und er wird in den Armen des Ruhmes entschlummern.

[III, 5] Das Luxembourg. Ein Kerker

Dillon, Laflotte, ein Gefangenwärter.

DILLON. Kerl, leuchte mir mit deiner Nase nicht so ins Gesicht. Ha, ha, ha!
LAFLOTTE. Halte den Mund zu, deine Mondsichel hat einen Hof. Ha, ha, ha.
WÄRTER. Ha, ha, ha. Glaubt Ihr, Herr, dass Ihr bei ihrem Schein lesen könntet? *(Zeigt auf einen Zettel, den er in der Hand hält.)*
DILLON. Gib her!
WÄRTER. Herr, meine Mondsichel hat Ebbe bei mir gemacht.
LAFLOTTE. Deine Hosen sehen aus, als ob Flut wäre.
WÄRTER. Nein, sie zieht Wasser. *(Zu Dillon.)* Sie hat sich vor Eurer Sonne verkrochen, Herr, Ihr müsst mir was geben, das sie wieder feurig macht, wenn Ihr dabei lesen wollt.
DILLON. Da Kerl! Pack dich. *(Er gibt ihm Geld. Wärter ab. Dillon liest.)* Danton hat das Tribunal erschreckt, die Geschworen schwanken, die Zuhörer murrten. Der Zudrang war außerordentlich. Das Volk drängte sich um den Justizpalast und stand bis zu den Brücken. Eine Hand voll Geld, ein Arm endlich, hm! Hm! *(Er geht auf und ab und schenkt sich von Zeit zu Zeit aus einer Flasche ein.)* Hätt' ich nur den Fuß auf der Gasse. Ich werde mich nicht so schlachten lassen. Ja, nur den Fuß auf der Gasse!
LAFLOTTE. Und auf dem Karren, das ist eins.
DILLON. Meinst du? Da lägen noch ein Paar Schritte dazwischen, lang genug, um sie mit den Leichen der Dezemvirn zu messen. – Es ist endlich Zeit, dass die rechtschaffnen Leute das Haupt erheben.
LAFLOTTE *(für sich).* Desto besser, umso leichter ist es zu treffen. Nur zu Alter, noch einige Gläser und ich werde flott.

DILLON. Die Schurken, die Narren, sie werden sich zuletzt noch selbst guillotinieren. *(Er läuft auf und ab.)*
LAFLOTTE *(bei Seite).* Man könnte das Leben ordentlich wieder liebhaben, wie sein Kind, wenn man sich's selbst gegeben. Das kommt gerade nicht oft vor, dass man so mit dem Zufall Blutschande[1] treiben und sein eigner Vater werden kann. Vater und Kind zugleich. Ein behaglicher Ödipus!
DILLON. Man füttert das Volk nicht mit Leichen, Dantons und Camilles Weiber mögen Assignaten[2] unter das Volk werfen, das ist besser als Köpfe.
LAFLOTTE *(bei Seite).* Ich würde mir hintennach die Augen nicht ausreißen, ich könnte sie nötig haben, um den guten General zu beweinen.
DILLON. Die Hand an Danton! Wer ist noch sicher? Die Furcht wird sie vereinigen.
LAFLOTTE *(bei Seite).* Er ist doch verloren. Was ist's denn, wenn ich auf eine Leiche trete, um aus dem Grab zu klettern?
DILLON. Nur den Fuß auf der Gasse! Ich werde Leute genug finden, alte Soldaten, Girondisten, Exadlige, wir erbrechen die Gefängnisse, wir müssen uns mit den Gefangnen verständigen.
LAFLOTTE *(bei Seite).* Nun freilich, es riecht ein wenig nach Schufterei. Was tut's? Ich hätte Lust, auch das zu versuchen, ich war bisher zu einseitig. Man bekommt Gewissensbisse, das ist doch eine Abwechslung, es ist nicht so unangenehm, seinen eignen Gestank zu riechen.
Die Aussicht auf die Guillotine ist mir langweilig geworden, so lang auf die Sache zu warten! Ich habe sie im Geist schon zwanzigmal durchprobiert. Es ist auch gar nichts Pikantes mehr dran; es ist ganz gemein geworden.
DILLON. Man muss Dantons Frau ein Billet zukommen lassen.
LAFLOTTE *(bei Seite).* Und dann – ich fürchte den Tod nicht, aber den Schmerz. Es könnte wehe tun, wer steht mir

---

[1] Inzest
[2] Assignaten, eine Art Wertpapier, das später als normales Zahlungsmittel benutzt wurde [4]

dafür? Man sagt zwar, es sei nur ein Augenblick, aber der Schmerz hat ein feineres Zeitmaß, er zerlegt eine Tertie.[1] Nein! Der Schmerz ist die einzige Sünde und das Leiden ist das einzige Laster, ich werde tugendhaft bleiben.

DILLON. Höre, Laflotte, wo ist der Kerl hingekommen? Ich habe Geld, das muss gehen, wir müssen das Eisen schmieden, mein Plan ist fertig.

LAFLOTTE. Gleich, gleich! Ich kenne den Schließer, ich werde mit ihm sprechen. Du kannst auf mich zählen, General, wir werden aus dem Loch kommen, *(für sich im Hinausgehn)* um in ein anderes zu gehen, ich in das weiteste, die Welt, er in das engste, das Grab.

[III, 6] Der Wohlfahrtsausschuss

St. Just, Barère, Collot d'Herbois, Billaud-Varennes[2].

BARÈRE. Was schreibt Fouquier?
ST. JUST. Das zweite Verhör ist vorbei. Die Gefangnen verlangen das Erscheinen mehrerer Mitglieder des Konvents und des Wohlfahrtsausschusses, sie appellieren an das Volk, wegen Verweigerung der Zeugen. Die Bewegung der Gemüter soll unbeschreiblich sein. Danton parodierte den Jupiter und schüttelte die Locken.
COLLOT. Umso leichter wird ihn Samson[3] daran packen.
BARÈRE. Wir dürfen uns nicht zeigen, die Fischweiber und die Lumpensammler könnten uns weniger imposant finden.
BILLAUD. Das Volk hat einen Instinkt, sich treten zu lassen, und wäre es nur mit Blicken, dergleichen insolente[4]

---

[1] von einer Sekunde der 60. Teil
[2] Jacques Nicolas Billaud-Verennes [1756–1819], leitete den Sturz von Robespierre ein [7].
[3] eigentlich Charles Henri Sanson [1740–1793], Scharfrichter, der auch Ludwig XVI. hinrichtete [42]
[4] anmaßend, unverschämt

Physiognomien gefallen ihm. Solche Stirnen sind ärger als ein adliges Wappen, die feine Aristokratie der Menschenverachtung sitzt auf ihnen. Es sollte sie jeder einschlagen helfen, den es verdrießt, einen Blick von oben herunter zu erhalten.

BARÈRE. Er ist wie der hörnerne Siegfried, das Blut der Septembrisierten[1] hat ihn unverwundbar gemacht. Was sagt Robespierre?

ST. JUST. Er tut, als ob er etwas zu sagen hätte. Die Geschwornen müssen sich für hinlänglich unterrichtet erklären und die Debatten schließen.

BARÈRE. Unmöglich, das geht nicht.

ST. JUST. Sie müssen weg, um jeden Preis, und sollten wir sie mit den eignen Händen erwürgen. Wagt! Danton soll uns das Wort nicht umsonst gelehrt haben. Die Revolution wird über ihre Leichen nicht stolpern, aber bleibt Danton am Leben, so wird er sie am Gewand fassen, und er hat etwas in seiner Gestalt, als ob er die Freiheit notzüchtigen könnte. *(St. Just wird hinausgerufen.)*

Ein Schließer tritt ein.

SCHLIESSER. In St. Pelagie[2] liegen Gefangne am Sterben, sie verlangen einen Arzt.

BILLAUD. Das ist unnötig, so viel Mühe weniger für den Scharfrichter.

SCHLIESSER. Es sind schwangere Weiber dabei.

BILLAUD. Desto besser, da brauchen ihre Kinder keinen Sarg.

BARÈRE. Die Schwindsucht eines Aristokraten spart dem Revolutionstribunal eine Sitzung. Jede Arznei wäre konterrevolutionär.

COLLOT *(nimmt ein Papier).* Eine Bittschrift, ein Weibername!

BARÈRE. Wohl eine von denen, die gezwungen sein möchten, zwischen einem Guillotinenbrett und dem Bett eines Jakobiners zu wählen. Die wie Lucrecia nach dem Ver-

---

[1] „Septembrisierten" meint die vom 02.–06.09.1792 ermordeten Inhaftierten [30].
[2] Gefängnis in Paris (ehemaliges Nonnenkloster)

lust ihrer Ehre sterben, aber etwas später als die Römerin, im Kindbett, oder am Krebs oder aus Altersschwäche. Es mag nicht so unangenehm sein, einen Tarquinius aus der Tugendrepublik einer Jungfrau zu treiben.

COLLOT. Sie ist zu alt. Madame verlangt den Tod, sie weiß sich auszudrücken, das Gefängnis liege auf ihr wie ein Sargdeckel. Sie sitzt erst seit vier Wochen. Die Antwort ist leicht. *(Er schreibt und liest.)* „Bürgerin, es ist noch nicht lange genug, dass du den Tod wünschest." *(Schließer ab.)*

BARÈRE. Gut gesagt. Aber Collot, es ist nicht gut, dass die Guillotine zu lachen anfängt, die Leute haben sonst keine Furcht mehr davor. Man muss sich nicht so familiär machen.

St. Just kommt zurück.

ST. JUST. Eben erhalte ich eine Denunziation. Man konspiriert in den Gefängnissen, ein junger Mensch namens Laflotte hat alles entdeckt. Er saß mit Dillon im nämlichen Zimmer, Dillon hat getrunken und geplaudert.

BARÈRE. Er schneidet sich mit seiner Bouteille[1] den Hals ab, das ist schon mehr vorgekommen.

ST. JUST. Dantons und Camilles Weiber sollen Geld unter das Volk werfen, Dillon soll ausbrechen, man will die Gefangnen befreien, der Konvent soll gesprengt werden.

BARÈRE. Das sind Märchen.

ST. JUST. Wir werden sie aber mit dem Märchen in Schlaf erzählen. Die Anzeige habe ich in Händen, dazu die Keckheit der Angeklagten, das Murren des Volks, die Bestürzung der Geschwornen, ich werde einen Bericht machen.

BARÈRE. Ja, geh, St. Just, und spinne deine Perioden, worin jedes Komma ein Säbelhieb und jeder Punkt ein abgeschlagner Kopf ist.

ST. JUST. Der Konvent muss dekretieren, das Tribunal solle ohne Unterbrechung den Prozess fortführen und dürfe

---

[1] (frz.), Flasche

jeden Angeklagten, welcher die dem Gerichte schuldige Achtung verletzte oder störende Auftritte veranlasste, von den Debatten ausschließen.

BARÈRE. Du hast einen revolutionären Instinkt, das lautet ganz gemäßigt und wird doch seine Wirkung tun. Sie können nicht schweigen, Danton muss schreien.

ST. JUST. Ich zähle auf eure Unterstützung. Es gibt Leute im Konvent, die ebenso krank sind wie Danton und welche die nämliche Kur fürchten. Sie haben wieder Mut bekommen, sie werden über Verletzung der Formen schreien ...

BARÈRE *(ihn unterbrechend)*. Ich werde ihnen sagen: Zu Rom wurde der Konsul, welcher die Verschwörung des Catilina[1] entdeckte und die Verbrecher auf der Stelle mit dem Tod bestrafte, der verletzten Förmlichkeit angeklagt. Wer waren seine Ankläger?

COLLOT *(mit Pathos)*. Geh, St. Just. Die Lava der Revolution fließt. Die Freiheit wird die Schwächlinge, welche ihren mächtigen Schoß befruchten wollten, in ihren Umarmungen ersticken, die Majestät des Volks wird ihnen wie Jupiter der Semele[2] unter Donner und Blitz erscheinen und sie in Asche verwandeln. Geh, St. Just, wir werden dir helfen, den Donnerkeil auf die Häupter der Feiglinge zu schleudern. *(St. Just ab.)*

BARÈRE. Hast du das Wort Kur gehört? Sie werden noch aus der Guillotine ein Spezifikum gegen die Lustseuche[3] machen. Sie kämpfen nicht mit den Moderierten, sie kämpfen mit dem Laster.

BILLAUD. Bis jetzt geht unser Weg zusammen.

BARÈRE. Robespierre will aus der Revolution einen Hörsaal für Moral machen und die Guillotine als Katheder gebrauchen.

BILLAUD. Oder als Betschemel.

---

[1] Lucius Sergius Catilina [ca. 108 bis 62 v. Chr.], unterlag zweimal bei der Bewerbung um den Posten des Konsul in Rom [8].
[2] Semele, nach der griechischen Mythologie Mutter des Gottes Dionysos [45].
[3] Geschlechtskrankheit

COLLOT. Auf dem er aber alsdann nicht stehen, sondern liegen soll.

BARÈRE. Das wird leicht gehen. Die Welt müsste auf dem Kopf stehen, wenn die sogenannten Spitzbuben von den sogenannten rechtlichen Leuten gehängt werden sollten.

COLLOT *(zu Barrère)*. Wann kommst du wieder nach Clichy?

BARÈRE. Wenn der Arzt nicht mehr zu mir kommt.

COLLOT. Nicht wahr, über dem Ort steht ein Haarstern[1], unter dessen versengenden Strahlen dein Rückenmark[2] ganz ausgedörrt wird.

BILLAUD. Nächstens werden die niedlichen Finger der reizenden Demahy es ihm aus dem Futterale ziehen und es als Zöpfchen über den Rücken hinunter hängen machen.

BARÈRE *(zuckt die Achseln)*. Pst! Davon darf der Tugendhafte nichts wissen.

BILLAUD. Er ist ein impotenter Mahomet.[3] *(Billaud und Collot ab.)*

BARÈRE *(allein)*. Die Ungeheuer! „Es ist noch nicht lange genug, dass du den Tod wünschest!" Diese Worte hätten die Zunge müssen verdorren machen, die sie gesprochen.

Und ich?

Als die Septembriseurs in die Gefängnisse drangen, fasst ein Gefangner sein Messer, er drängt sich unter die Mörder, er stößt es in die Brust eines Priesters, er ist gerettet! Wer kann was dawider haben? Ob ich mich nun unter die Mörder dränge oder mich in den Wohlfahrtsausschuss setze, ob ich ein Guillotinen- oder ein Taschenmesser nehme? Es ist der nämliche Fall, nur mit etwas verwickelteren Umständen, die Grundverhältnisse sind sich gleich.

---

[1] Komet
[2] Eine späte Folge der Geschlechtskrankheit Syphilis kann eine Lähmung sein, die vom Rückenmark ausgeht, das von der Krankheit befallen wird.
[3] Mahomet: Mohammed

Und dürft' er einen morden, durfte er auch zwei, auch drei, auch noch mehr? Wo hört das auf? Da kommen die Gerstenkörner, machen zwei einen Haufen, drei, vier, wie viel dann? Komm mein Gewissen, komm mein Hühnchen, komm bi, bi, bi, da ist Futter.
Doch – war ich auch Gefangner? Verdächtig war ich, das läuft auf eins hinaus, der Tod war mir gewiss. *(Ab.)*

[III, 7] Die Conciergerie

Lacroix, Danton, Philippeau, Camille.

LACROIX. Du hast gut geschrien, Danton, hättest du dich etwas früher so um dein Leben gequält, es wäre jetzt anders. Nicht wahr, wenn der Tod einem so unverschämt nahe kommt und so aus dem Hals stinkt und immer zudringlicher wird?

CAMILLE. Wenn er einen noch notzüchtige und seinen Raub unter Ringen und Kampf aus den heißen Gliedern riss! Aber so in allen Formalitäten, wie bei der Hochzeit mit einem alten Weibe, wie die Pakten[1] aufgesetzt, wie die Zeugen gerufen, wie das Amen gesagt und wie dann die Bettdecke gehoben wird und es langsam hereinkriecht mit seinen kalten Gliedern!

DANTON. Wär' es ein Kampf, dass die Arme und Zähne einander packten! Aber es ist mir, als wäre ich in ein Mühlwerk gefallen und die Glieder würden mir langsam systematisch von der kalten physischen Gewalt abgedreht. So mechanisch getötet zu werden!

CAMILLE. Daliegen allein, kalt, steif in dem feuchten Dunst der Fäulnis; vielleicht, dass einem der Tod das Leben langsam aus den Fibern martert, mit Bewusstsein vielleicht sich wegzufaulen!

PHILIPPEAU. Seid ruhig, meine Freunde. Wir sind wie die Herbstzeitlose, welche erst nach dem Winter Samen trägt. Von Blumen, die versetzt werden, unterscheiden wir uns nur dadurch, dass wir über dem Versuch ein wenig stinken. Ist das so arg?

---
[1] Plural von „Pakt"; einen Pakt schließen

DANTON. Eine erbauliche Aussicht! Von einem Misthaufen auf den andern! Nicht wahr, die göttliche Klassentheorie? Von Prima nach Sekunda, von Sekunda nach Tertia und so weiter? Ich habe die Schulbänke satt, ich habe mir Gesäßschwielen wie ein Affe darauf gesessen.

PHILIPPEAU. Was willst du denn?

DANTON. Ruhe.

PHILIPPEAU. Die ist in Gott.

DANTON. Im Nichts. Versenke dich in was Ruhigers als das Nichts, und wenn die höchste Ruhe Gott ist, ist nicht das Nichts Gott? Aber ich bin ein Atheist. Der verfluchte Satz: Etwas kann nicht zu nichts werden! Und ich bin etwas, das ist der Jammer!

Die Schöpfung hat sich so breit gemacht, da ist nichts leer, alles voll Gewimmels.

Das Nichts hat sich ermordet, die Schöpfung ist seine Wunde, wir sind seine Blutstropfen, die Welt ist das Grab, worin es fault.

Das lautet verrückt, es ist aber doch was Wahres daran.

CAMILLE. Die Welt ist der ewige Jude[1], das Nichts ist der Tod, aber er ist unmöglich. Oh, nicht sterben können, nicht sterben können, wie es im Lied heißt.[2]

DANTON. Wir sind alle lebendig begraben und wie Könige in drei- oder vierfachen Särgen beigesetzt, unter dem Himmel, in unsern Häusern, in unsern Röcken und Hemden.

Wir kratzen fünfzig Jahre lang am Sargdeckel. Ja, wer an Vernichtung glauben könnte!, dem wäre geholfen.

Da ist keine Hoffnung im Tod, er ist nur eine einfachere, das Leben eine verwickeltere, organisiertere Fäulnis, das ist der ganze Unterschied!

---

[1] Der „ewige Jude": Ahasverus oder Ahasver, der Legende nach ein Jude, der Jesus Christus bei seinem Gang auf den Kalvarienberg die Rast verwehrte und verdammt wurde zur ruhelosen Wanderung, bis Jesus wiederkehrt.

[2] Christian Friedrich Daniel Schubart [1739–1791], Dichter, Musiker und Publizist, schrieb 1783 ein Gedicht mit dem Titel „Der ewige Jude. Eine lyrische Rhapsodie". Dort heißt es: „Ha! Nicht sterben können! Nicht sterben können!!"

Aber ich bin gerad' einmal an diese Art des Faulens
gewöhnt, der Teufel weiß, wie ich mit einer andern zurechtkomme.
O Julie! Wenn ich allein ginge! Wenn sie mich einsam
ließe!
Und wenn ich ganz zerfiele, mich ganz auflöste – ich
wäre eine Handvoll gemarterten Staubes, jedes meiner
Atome könnte nur Ruhe finden bei ihr.
Ich kann nicht sterben, nein, ich kann nicht sterben. Wir
müssen schreien, sie müssen mir jeden Lebenstropfen
aus den Gliedern reißen.

[III, 9] Ein Zimmer

Fouquier[1], Amar[2], Vouland[3].

FOUQUIER. Ich weiß nicht mehr, was ich antworten soll, sie
fordern eine Kommission.
AMAR. Wir haben die Schurken, da hast du, was du verlangt. *(Er überreicht Fouquier ein Papier.)*
VOULAND. Das wird Sie zufriedenstellen.
FOUQUIER. Wahrhaftig, das hatten wir nötig.
AMAR. Nun mache, dass wir und sie die Sache vom Hals
bekommen.

[III, 9] Das Revolutionstribunal

DANTON. Die Republik ist in Gefahr und er hat keine Instruktion! Wir appellieren an das Volk, meine Stimme ist

---

[1] Antoine Quentin Fouquier-Tinville [1746–1795], war durch Ernennung Robespierres seit 1793 Ankläger des Revolutionstribunals. Er starb unter dem Fallbeil.
[2] Jean Baptiste André Amar [1755–1816] war mitverantwortlich für den Sturz von Robespierre.
[3] Jean-Henri Vouland [1751–1801], Anwalt, Abgeordneter bei den Generalständen, seit 1792 Mitglied des Konvents und dessen Präsident, Mitglied des Kassationsgerichts und des Sicherheitsausschusses

noch stark genug, um den Dezemvirn die Leichenrede zu halten. Ich wiederhole es, wir verlangen eine Kommission, wir haben wichtige Entdeckungen zu machen. Ich werde mich in die Zitadelle¹ der Vernunft zurückziehen, ich werde mit der Kanone der Wahrheit hervorbrechen und meine Feinde zermalmen. *(Zeichen des Beifalls.)*

Fouquier, Amar, Vouland treten ein.

FOUQUIER. Ruhe im Namen der Republik, Achtung dem Gesetz. Der Konvent beschließt:
In Betracht, dass in den Gefängnissen sich Spuren von Meutereien zeigen, in Betracht, dass Dantons und Camilles Weiber Geld unter das Volk werfen und dass der General Dillon² ausbrechen und sich an die Spitze der Empörer stellen soll, um die Angeklagten zu befreien, in Betracht endlich, dass diese selbst unruhige Auftritte herbeizuführen sich bemüht und das Tribunal zu beleidigen versucht haben, wird das Tribunal ermächtigt, die Untersuchung ohne Unterbrechung fortzusetzen und jeden Angeklagten, der die dem Gesetze schuldige Ehrfurcht außer Augen setzen sollte, von den Debatten auszuschließen.

DANTON. Ich frage die Anwesenden, ob wir dem Tribunal, dem Volke oder dem Nationalkonvent Hohn gesprochen haben?

VIELE STIMMEN. Nein! Nein!

CAMILLE. Die Elenden, sie wollen meine Lucile morden!

DANTON. Eines Tages wird man die Wahrheit erkennen. Ich sehe großes Unglück über Frankreich hereinbrechen. Das ist die Diktatur, sie hat ihren Schleier zerrissen, sie trägt die Stirne hoch, sie schreitet über unsere Leichen. *(Auf Amar und Vouland deutend.)* Seht da die feigen Mörder, seht da die Raben des Wohlfahrtsausschusses!

---

¹ innerhalb einer Stadt oder einer Festung die zentrale Befestigungsanlage
² Arthur Dillon [1750–1794], geboren in Großbritannien, befehligte 1792 die Ardennenarmee. Er wurde hingerichtet.

Ich klage Robespierre, St. Just und ihre Henker des Hochverrats an.

Sie wollen die Republik im Blut ersticken. Die Gleisen der Guillotinenkarren sind die Heerstraßen, auf welchen die Fremden in das Herz des Vaterlandes dringen sollen.

Wie lange sollen die Fußstapfen der Freiheit Gräber sein?

Ihr wollt Brot und sie werfen euch Köpfe hin. Ihr durstet und sie machen euch das Blut von den Stufen der Guillotine lecken. *(Heftige Bewegung unter den Zuhörern, Geschrei des Beifalls.)*

VIELE STIMMEN. Es lebe Danton, nieder mit den Dezemvirn! *(Die Gefangnen werden mit Gewalt hinausgeführt.)*

[III, 10] Platz vor dem Justizpalast

Ein Volkshaufe.

EINIGE STIMMEN. Nieder mit den Dezemvirn! Es lebe Danton!

ERSTER BÜRGER. Ja, das ist wahr, Köpfe statt Brot, Blut statt Wein.

EINIGE WEIBER. Die Guillotine ist eine schlechte Mühle und Samson ein schlechter Bäckerknecht, wir wollen Brot, Brot!

ZWEITER BÜRGER. Euer Brot, das hat Danton gefressen, sein Kopf wird euch allen wieder Brot geben, er hatte Recht.

ERSTER BÜRGER. Danton war unter uns am 10. August, Danton war unter uns im September. Wo waren die Leute, welche ihn angeklagt haben?

ZWEITER BÜRGER. Und Lafayette war mit euch in Versailles und war doch ein Verräter.

ERSTER BÜRGER. Wer sagt, dass Danton ein Verräter sei?

ZWEITER BÜRGER. Robespierre.

ERSTER BÜRGER. Und Robespierre ist ein Verräter.

ZWEITER BÜRGER. Wer sagt das?

ERSTER BÜRGER. Danton.

ZWEITER BÜRGER. Danton hat schöne Kleider, Danton hat ein schönes Haus, Danton hat eine schöne Frau, er badet sich in Burgunder, isst das Wildbret von silbernen Tellern und schläft bei euren Weibern und Töchtern, wenn er betrunken ist.

Danton war arm, wie ihr. Woher hat er das alles?

Das Veto hat es ihm gekauft, damit er ihm die Krone rette.

Der Herzog von Orleans[1] hat es ihm geschenkt, damit er ihm die Krone stehle.

Der Fremde hat es ihm gegeben, damit er euch alle verrate. Was hat Robespierre?, der tugendhafte Robespierre. Ihr kennt ihn alle.

ALLE. Es lebe Robespierre! Nieder mit Danton! Nieder mit dem Verräter!

---

[1] Louis Philippe Joseph Orléans, Herzog von, [1747–1793], Vetter von König Ludwig XVI. Er starb unter dem Fallbeil [34].

Vierter Akt

[IV, 1] Ein Zimmer

Julie, ein Knabe.

JULIE. Es ist aus. Sie zitterten vor ihm. Sie töten ihn aus Furcht. Geh! ich habe ihn zum letzten Mal gesehen, sag' ihm, ich könne ihn nicht so sehen. *(Sie gibt ihm eine Locke.)* Da, bring ihm das und sag' ihm, er würde nicht allein gehn. Er versteht mich schon, und dann schnell zurück, ich will seine Blicke aus deinen Augen lesen.

[IV, 2] Eine Straße

Dumas, ein Bürger.

BÜRGER. Wie kann man nach einem solchen Verhör so viel Unglückliche zum Tod verurteilen?
DUMAS. Das ist in der Tat außerordentlich, aber die Revolutionsmänner haben einen Sinn, der andern Menschen fehlt, und dieser Sinn trügt sie nie.
BÜRGER. Das ist der Sinn des Tigers. – Du hast ein Weib.
DUMAS. Ich werde bald eins gehabt haben.
BÜRGER. So ist es denn wahr!
DUMAS. Das Revolutionstribunal wird unsere Ehescheidung aussprechen, die Guillotine wird uns von Tisch und Bett trennen.
BÜRGER. Du bist ein Ungeheuer!
DUMAS. Schwachkopf! Du bewunderst Brutus?
BÜRGER. Von ganzer Seele.
DUMAS. Muss man denn gerade römischer Konsul sein und sein Haupt mit der Toga verhüllen können, um sein Liebstes dem Vaterlande zu opfern? Ich werde mir die Augen mit dem Ärmel meines roten Fracks abwischen, das ist der ganze Unterschied.
BÜRGER. Das ist entsetzlich.
DUMAS. Geh, du begreifst mich nicht. *(Sie gehen ab.)*

[IV, 3] Die Conciergerie

*Lacroix, Hérault (auf einem Bett),
Danton, Camille (auf einem andern).*

LACROIX. Die Haare wachsen einem so und die Nägel, man muss sich wirklich schämen.

HÉRAULT. Nehmen Sie sich ein wenig in Acht, Sie niesen mir das ganze Gesicht voll Sand.

LACROIX. Und treten Sie mir nicht so auf die Füße, Bester, ich habe Hühneraugen.

HÉRAULT. Sie leiden noch an Ungeziefer.

LACROIX. Ach, wenn ich nur einmal die Würmer ganz los wäre.

HÉRAULT. Nun, schlafen Sie wohl, wir müssen sehen, wie wir miteinander zurechtkommen, wir haben wenig Raum. Kratzen Sie mich nicht mit Ihren Nägeln im Schlaf. So! Zerren Sie nicht so am Leichtuch, es ist kalt da unten.

DANTON. Ja, Camille, morgen sind wir durchgelaufne Schuhe, die man der Bettlerin Erde in den Schoß wirft.

CAMILLE. Das Rindsleder, woraus nach Platon die Engel sich Pantoffeln geschnitten und damit auf der Erde herumtappen. Es geht aber auch danach. Meine Lucile!

DANTON. Sei ruhig, mein Junge.

CAMILLE. Kann ich's? Glaubst du Danton? Kann ich's? Sie können die Hände nicht an sie legen. Das Licht der Schönheit, das von ihrem süßen Leib sich ausgießt, ist unlöschbar. Unmöglich! Sieh, die Erde würde nicht wagen, sie zu verschütten, sie würde sich um sie wölben, der Grabdunst würde wie Tau an ihren Wimpern funkeln, Kristalle würden wie Blumen um ihre Glieder sprießen und helle Quellen in Schlaf sie murmeln.

DANTON. Schlafe, mein Junge, schlafe.

CAMILLE. Höre, Danton, unter uns gesagt, es ist so elend sterben müssen. Es hilft auch zu nichts. Ich will dem Leben noch die letzten Blicke aus seinen hübschen Augen stehlen, ich will die Augen offen haben.

DANTON. Du wirst sie ohnehin offen behalten, Samson drückt einem die Augen nicht zu. Der Schlaf ist barmherziger. Schlafe, mein Junge, schlafe.

CAMILLE. Lucile, deine Küsse phantasieren auf meinen Lippen, jeder Kuss wird ein Traum, meine Augen sinken und schließen ihn fest ein.
DANTON. Will denn die Uhr nicht ruhen? Mit jedem Picken schiebt sie die Wände enger um mich, bis sie so eng sind wie ein Sarg.
Ich las einmal als Kind so n'e Geschichte, die Haare standen mir zu Berg.
Ja, als Kind! Das war der Mühe wert, mich so groß zu füttern und mich warm zu halten. Bloß Arbeit für den Totengräber! Es ist mir, als röch' ich schon. Mein lieber Leib, ich will mir die Nase zuhalten und mir einbilden, du seist ein Frauenzimmer, was vom Tanzen schwitzt und stinkt, und dir Artigkeiten sagen. Wir haben uns sonst schon mehr miteinander die Zeit vertrieben. Morgen bist du eine zerbrochne Fiedel, die Melodie darauf ist ausgespielt. Morgen bist du eine leere Bouteille[1], der Wein ist ausgetrunken, aber ich habe keinen Rausch davon und gehe nüchtern zu Bett. Das sind glückliche Leute, die sich noch besaufen können. Morgen bist du eine durchgerutschte Hose, du wirst in die Garderobe geworfen und die Motten werden dich fressen, du magst stinken, wie du willst.
Ach das hilft nichts. Jawohl, s' ist so elend sterben müssen. Der Tod äfft die Geburt, beim Sterben sind wir so hülflos und nackt wie neugeborne Kinder. Freilich, wir bekommen das Leichentuch zur Windel. Was wird es helfen? Wir können im Grab so gut wimmern wie in der Wiege.
Camille! Er schläft, *(indem er sich über ihn bückt)* ein Traum spielt zwischen seinen Wimpern. Ich will den goldnen Tau des Schlafes ihm nicht von den Augen streifen. *(Er erhebt sich und tritt ans Fenster.)* Ich werde nicht allein gehn, ich danke dir Julie. Doch hätte ich anders sterben mögen, so ganz mühelos, so wie ein Stern fällt, wie ein Ton sich selbst aushaucht, sich mit den eignen Lippen totküsst, wie ein Lichtstrahl in klaren Fluten sich begräbt. –

---

[1] (frz.) Flasche

78 Dantons Tod

Wie schimmernde Tränen sind die Sterne durch die
Nacht gesprengt, es muss ein großer Jammer in dem
Aug sein, von dem sie abträufelten.

CAMILLE. Oh! *(Er hat sich aufgerichtet und tastet nach
der Decke.)*

DANTON. Was hast du, Camille?

CAMILLE. Oh, oh!

DANTON *(schüttelt ihn).* Willst du die Decke herunterkratzen?

CAMILLE. Ach du, du, o halt mich, sprich, du!

DANTON. Du bebst an allen Gliedern, der Schweiß steht dir
auf der Stirne.

CAMILLE. Das bist du, das ich, so! Das ist meine Hand! Ja,
jetzt besinn' ich mich. O Danton, das war entsetzlich.

DANTON. Was denn?

CAMILLE. Ich lag so zwischen Traum und Wachen. Da schwand
die Decke und der Mond sank herein, ganz nahe, ganz
dicht, mein Arm erfasst' ihn. Die Himmelsdecke mit ihren
Lichtern hatte sich gesenkt, ich stieß daran, ich betastete
die Sterne, ich taumelte wie ein Ertrinkender unter der
Eisdecke. Das war entsetzlich, Danton.

DANTON. Die Lampe wirft einen runden Schein an die Decke, das sahst du.

CAMILLE. Meinetwegen, es braucht grade nicht viel, um
einem das bisschen Verstand verlieren zu machen. Der
Wahnsinn fasste mich bei den Haaren, *(er erhebt sich)*
ich mag nicht mehr schlafen, ich mag nicht verrückt
werden. *(Er greift nach einem Buch.)*

DANTON. Was nimmst du?

CAMILLE. Die Nachtgedanken.[1]

DANTON. Willst du zum Voraus sterben? Ich nehme die
Pucelle[2]. Ich will mich aus dem Leben nicht wie aus dem
Betstuhl, sondern wie aus dem Bett einer barmherzigen
Schwester wegschleichen. Es ist eine Hure, es treibt mit
der ganzen Welt Unzucht.

---

[1] Der englische Dichter Edward Young [1683–1765] schrieb die
„Nachtgedanken" [53].
[2] „La pucelle d'Orléans", von Voltaire verfasstes komisches Heldenepos

[IV, 4] PLATZ VOR DER CONCIERGERIE

Ein Schließer, zwei Fuhrleute mit Karren, Weiber.

SCHLIESSER. Wer hat euch herfahren geheißen?
ERSTER FUHRMANN. Ich heiße nicht Herfahren, das ist ein kurioser Namen.
SCHLIESSER. Dummkopf, wer hat dir die Bestallung[1] dazu gegeben?
ERSTER FUHRMANN. Ich habe keine Stallung dazu kriegt, nichts als zehn Sous[2] für den Kopf.
ZWEITER FUHRMANN. Der Schuft will mich um's Brot bringen.
ERSTER FUHRMANN. Was nennst du dein Brot? *(Auf die Fenster der Gefangnen deutend.)* Das ist Wurmfraß.
ZWEITER FUHRMANN. Meine Kinder sind auch Würmer und die wollen auch ihr Teil davon. Oh, es geht schlecht mit unsrem Metier und doch sind wir die besten Fuhrleute.
ERSTER FUHRMANN. Wie das?
ZWEITER FUHRMANN. Wer ist der beste Fuhrmann?
ERSTER FUHRMANN. Der am weitesten und am schnellsten fährt.
ZWEITER FUHRMANN. Nun, Esel, wer fährt weiter, als der aus der Welt fährt, und wer fährt schneller, als der's in einer Viertelstunde tut? Genau gemessen ist's eine Viertelstund von da bis zum Revolutionsplatz.
SCHLIESSER. Rasch, ihr Schlingel! Näher ans Tor, Platz da, ihr Mädel.
ERSTER FUHRMANN. Halt't euren Platz vor! Um ein Mädel führt man nit herum, immer in die Mitt 'nein.
ZWEITER FUHRMANN. Ja, das glaub' ich, du kannst mit Karren und Gäulen hinein, du findst gute Gleise, aber du musst Quarantän halten, wenn du herauskommst. *(Sie fahren vor.)*
ZWEITER FUHRMANN *(zu den Weibern).* Was gafft ihr?
EIN WEIB. Wir warten auf alte Kunden.

---

[1] in ein Amt einsetzen, hier im Sinne von Auftrag
[2] ehemalige französische Geldmünze

ZWEITER FUHRMANN. Meint ihr, mein Karren wär' ein Bordell? Er ist ein anständiger Karren, er hat den König und alle vornehmen Herren aus Paris zur Tafel gefahren.

LUCILE *(tritt auf. Sie setzt sich auf einen Stein unter die Fenster der Gefangnen).* Camille, Camille! *(Camille erscheint am Fenster.)* Höre, Camille, du machst mich lachen mit dem langen Steinrock und der eisernen Maske vor dem Gesicht, kannst du dich nicht bücken? Wo sind deine Arme?

Ich will dich locken, lieber Vogel.

Singt. Es stehn zwei Sternlein an dem Himmel,
Scheinen heller als der Mond,
Der ein' scheint vor Feinsliebchens Fenster,
Der andre vor die Kammertür.

Komm, komm, mein Freund! Leise die Treppe herauf, sie schlafen alle. Der Mond hilft mir schon lange warten. Aber du kannst ja nicht zum Tor herein, das ist eine unleidliche Tracht. Das ist zu arg für den Spaß, mach ein Ende. Du rührst dich auch gar nicht, warum sprichst du nicht? Du machst mir Angst.

Höre! Die Leute sagen, du müsstest sterben, und machen dazu so ernsthafte Gesichter. Sterben! Ich muss lachen über die Gesichter. Sterben! Was ist das für ein Wort? Sag mir's, Camille. Sterben! Ich will nachdenken. Da, da ist's. Ich will ihm nachlaufen, komm, süßer Freund, hilf mir fangen, komm! Komm! *(Sie läuft weg.)*

CAMILLE *(ruft).* Lucile! Lucile!

[IV, 5] Die Conciergerie

Danton an einem Fenster, was in das nächste Zimmer geht.

Camille, Philippeau, Lacroix, Hérault.

DANTON. Du bist jetzt ruhig, Fabre.
EINE STIMME *(von innen).* Am Sterben.
DANTON. Weißt du auch, was wir jetzt machen werden?
DIE STIMME. Nun?

IV, 5 81

DANTON. Was du dein ganzes Leben hindurch gemacht hast
– des vers.[1]
CAMILLE *(für sich)*. Der Wahnsinn saß hinter ihren Augen.
Es sind schon mehr Leute wahnsinnig geworden, das ist
der Lauf der Welt. Was können wir dazu? Wir waschen
unsere Hände.[2] Es ist auch besser so.
DANTON. Ich lasse alles in einer schrecklichen Verwirrung.
Keiner versteht das Regieren. Es könnte vielleicht noch
gehn, wenn ich Robespierre meine Huren und Couthon
meine Waden hinterließe.
LACROIX. Wir hätten die Freiheit zur Hure gemacht!
DANTON. Was wäre es auch! Die Freiheit und eine Hure sind
die kosmopolitischsten[3] Dinge unter der Sonne. Sie wird
sich jetzt anständig im Ehebett des Advokaten von Arras
prostituieren. Aber ich denke, sie wird die Clytemnaestra[4] gegen ihn spielen, ich lasse ihm keine sechs Monate
Frist, ich ziehe ihn mit mir.
CAMILLE *(für sich)*. Der Himmel verhelf ihr zu einer behaglichen fixen Idee. Die allgemeinen fixen Ideen, welche man
die gesunde Vernunft tauft, sind unerträglich langweilig.
Der glücklichste Mensch war der, welcher sich einbilden
konnte, dass er Gott Vater, Sohn und heiliger Geist sei.
LACROIX. Die Esel werden schreien „Es lebe die Republik",
wenn wir vorbeigehen.
DANTON. Was liegt daran? Die Sündflut der Revolution mag
unsere Leichen absetzen, wo sie will, mit unsern fossilen[5] Knochen wird man noch immer allen Königen die
Schädel einschlagen können.
HÉRAULT. Ja, wenn sich gerade ein Simson[6] für unsere
Kinnbacken findet.

---

[1] doppeldeutiges Wortspiel; heißt sowohl „Verse" als auch „Würmer".
[2] Die Redewendung „seine Hände in Unschuld waschen" nimmt Bezug auf das Matthias-Evangelium 27,24: „Als Pilatus sah, dass er nichts erreichte [...], wusch er sich vor allen Leuten die Hände und sagte: ‚Ich bin unschuldig am Blut dieses Menschen.'"
[3] Kosmopolit: Weltbürger; kosmopolitisch: weltbürgerlich
[4] Klytämnestra, nach der griechischen Mythologie die Königin von Mykene und Gattin des Agamemnon [28]
[5] versteinerten
[6] Simson, von Gott, „Geist des Herrn", mit sagenhaften Kräften ausgestatteter Held aus dem Alten Testament [46]

DANTON. Sie sind Kainsbrüder.
LACROIX. Nichts beweist mehr, dass Robespierre ein Nero[1] ist, als der Umstand, dass er gegen Camille nie freundlicher war als zwei Tage vor dessen Verhaftung. Ist es nicht so, Camille?
CAMILLE. Meinetwegen, was geht das mich an?
(Für sich.) Was sie an dem Wahnsinn ein reizendes Kind geboren hat. Warum muss ich jetzt fort? Wir hätten zusammen mit ihm gelacht, es gewiegt und geküsst.
DANTON. Wenn einmal die Geschichte ihre Grüfte öffnet, kann der Despotismus noch immer an dem Duft unsrer Leichen ersticken.
HÉRAULT. Wir stanken bei Lebzeiten schon hinlänglich. Das sind Phrasen für die Nachwelt, nicht wahr, Danton, uns gehn sie eigentlich nichts an.
CAMILLE. Er zieht ein Gesicht, als solle er versteinern und von der Nachwelt als Antike ausgegraben werden. Das verlohnt sich auch der Mühe, Mäulchen zu machen und Rot aufzulegen und mit einem guten Akzent zu sprechen; wir sollten einmal die Masken abnehmen, wir sähen dann, wie in einem Zimmer mit Spiegeln, überall nur den einen uralten, zahllosen, unverwüstlichen Schafskopf, nichts mehr, nichts weniger. Die Unterschiede sind so groß nicht, wir alle sind Schurken und Engel, Dummköpfe und Genies, und zwar das alles in Einem, die vier Dinge finden Platz genug in dem nämlichen Körper, sie sind nicht so breit als man sich einbildet. Schlafen, verdaun, Kinder machen, das treiben alle, die übrigen Dinge sind nur Variationen aus verschiedenen Tonarten über das nämliche Thema. Da braucht man sich auf die Zehen zu stellen und Gesichter zu schneiden, da braucht man sich voreinander zu genieren. Wir haben uns alle am nämlichen Tische krank gegessen und haben Leibgrimmen, was haltet ihr euch die Servietten vor das Gesicht, schreit nur und greint[2], wie es euch ankommt.

---

[1] Nero, [37–68 n. Chr.], sein eigentlicher Name war Claudius Drusus Germanicus Caesar [33]
[2] weinen

Schneidet nur keine so tugendhafte und so witzige und so heroische und so geniale Grimassen, wir kennen uns ja einander, spart euch die Mühe.

HÉRAULT. Ja, Camille, wir wollen uns beieinandersetzen und schreien, nichts dummer als die Lippen zusammenzupressen, wenn einem was weh tut.
Griechen und Götter schrien, Römer und Stoiker[1] machten die heroische Fratze.

DANTON. Die einen waren so gut Epikureer wie die andern. Sie machten sich ein ganz behagliches Selbstgefühl zurecht. Es ist nicht so übel, seine Toga zu drapieren und sich umzusehen, ob man einen langen Schatten wirft. Was sollen wir uns zerren? Ob wir uns nun Lorbeerblätter, Rosenkränze oder Weinlaub vor die Scham binden, oder das hässliche Ding offen tragen und es uns von den Hunden lecken lassen?

PHILIPPEAU. Meine Freunde, man braucht gerade nicht hoch über der Erde zu stehen, um von all dem wirren Schwanken und Flimmern nichts mehr zu sehen und die Augen von einigen großen, göttlichen Linien erfüllt zu haben. Es gibt ein Ohr, für welches das Ineinanderschreien und der Zeter, die uns betäuben, ein Strom von Harmonien sind.

DANTON. Aber wir sind die armen Musikanten und unsere Körper die Instrumente. Sind die hässlichen Töne, welche auf ihnen herausgepfuscht werden, nur da, um höher und höher dringend und endlich leise verhallend wie ein wollüstiger Hauch in himmlischen Ohren zu sterben?

HÉRAULT. Sind wir wie Ferkel, die man für fürstliche Tafeln mit Ruten totpeitscht, damit ihr Fleisch schmackhafter werde?

DANTON. Sind wir Kinder, die in den glühenden Molochsarmen dieser Welt gebraten und mit Lichtstrahlen gekitzelt werden, damit die Götter sich über ihr Lachen freuen?

---

[1] Als Hauptvertreter der stoischen Philosophie gilt Zenon [336–265 v. Chr.] [49].

84   Dantons Tod

CAMILLE. Ist denn der Äther mit seinen Goldaugen eine Schüssel mit Goldkarpfen, die am Tisch der seligen Götter steht, und die seligen Götter lachen ewig und die Fische sterben ewig und die Götter erfreuen sich ewig am Farbenspiel des Todeskampfes?

DANTON. Die Welt ist das Chaos. Das Nichts ist der zu gebärende Weltgott.

Der Schließer tritt ein.

SCHLIESSER. Meine Herren, Sie können abfahren, die Wagen halten vor der Tür.

PHILIPPEAU. Gute Nacht meine Freunde, ziehen wir ruhig die große Decke über uns, worunter alle Herzen ausschlagen und alle Augen zufallen. *(Sie umarmen einander.)*

HÉRAULT *(nimmt Camilles Arm).* Freue dich, Camille, wir bekommen eine schöne Nacht. Die Wolken hängen am stillen Abendhimmel wie ein ausglühender Olymp mit verbleichenden, versinkenden Göttergestalten. *(Sie gehen ab.)*

[IV, 6] Ein Zimmer

JULIE. Das Volk lief in den Gassen, jetzt ist alles still. Keinen Augenblick möchte ich ihn warten lassen. *(Sie zieht eine Phiole[1] hervor.)* Komm, liebster Priester, dessen Amen uns zu Bette gehn macht.
(Sie tritt ans Fenster.) Es ist so hübsch, Abschied zu nehmen, ich habe die Türe nur noch hinter mir zuzuziehen. *(Sie trinkt.)*
Man möchte immer so stehn. Die Sonne ist hinunter. Der Erde Züge waren so scharf in ihrem Licht, doch jetzt ist ihr Gesicht so still und ernst wie einer Sterbenden. Wie schön das Abendlicht ihr um Stirn und Wangen spielt.
Stets bleicher und bleicher wird sie, wie eine Leiche treibt sie abwärts in der Flut des Äthers; will denn kein

---

[1] mit langem Hals ausgestattete kugelförmige Glasflasche

Arm sie bei den goldnen Locken fassen und aus dem
Strom sie ziehen und sie begraben?
Ich gehe leise. Ich küsse sie nicht, dass kein Hauch, kein
Seufzer sie aus dem Schlummer wecke.
Schlafe, schlafe. *(Sie stirbt.)*

[IV, 7] Der Revolutionsplatz

Die Wagen kommen angefahren und halten
vor der Guillotine[1]. Männer und Weiber
singen und tanzen die Carmagnole[2].
Die Gefangnen stimmen die Marseillaise[3] an.

EIN WEIB MIT KINDERN. Platz! Platz! Die Kinder schreien, sie haben Hunger. Ich muss sie zusehen machen, dass sie still sind. Platz!

EIN WEIB. He Danton, du kannst jetzt mit den Würmern Unzucht treiben.

EINE ANDERE. Hérault, aus deinen hübschen Haaren lass' ich mir eine Perücke machen.

HÉRAULT. Ich habe nicht Waldung genug für einen so abgeholzten Venusberg.

CAMILLE. Verfluchte Hexen! Ihr werdet noch schreien: „Ihr Berge fallet auf uns!"[4]

EIN WEIB. Der Berg ist auf euch oder ihr seid ihn vielmehr hinuntergefallen.

---

[1] Dr. Joseph-Ignace Guillotin [1738–1814] machte 1789 vor der Nationalversammlung einen Vorschlag zur Reformierung des Strafrechts, der auch die Tötung unter dem Fallbeil einbezog. Seitdem ist sein Name mit diesem Hinrichtungsinstrument verbunden [23].

[2] Neben der Marseillaise bekanntestes Revolutionslied während der Französischen Revolution. Bei Hinrichtungen wurde sie oft gespielt und gesungen.

[3] Von dem Offizier Claude Joseph Rouget de Lisle verfasstes Revolutionslied, das schnell die größte Bekanntheit erlangte. Seit dem 14. Juli 1795 stellt sie – mit zwei Unterbrechungen im 19. Jh. – die französische Nationalhymne dar.

[4] Lukas 23,30: Auf dem Weg zur Kreuzigung spricht Jesus zu den klagenden Frauen von Jerusalem: „Dann wird man zu den Bergen sagen: Fallt auf uns!, und zu den Hügeln: Deckt uns zu!"

DANTON *(zu Camille).* Ruhig, mein Junge, du hast dich heiser geschrien.
CAMILLE *(gibt dem Fuhrmann Geld).* Da alter Charon[1], dein Karren ist ein guter Präsentierteller.
Meine Herren, ich will mich zuerst servieren. Das ist ein klassisches Gastmahl, wir liegen auf unsern Plätzen und verschütten etwas Blut als Libation.[1] Adieu Danton. *(Er besteigt das Blutgerüst. Die Gefangnen folgen ihm einer nach dem andern. Danton steigt zuletzt hinauf.)*
LACROIX *(zu dem Volk).* Ihr tötet uns an dem Tage, wo ihr den Verstand verloren habt; ihr werdet sie an dem töten, wo ihr ihn wiederbekommt.
EINIGE STIMMEN. Das war schon einmal da, wie langweilig!
LACROIX. Die Tyrannen werden über unsern Gräbern den Hals brechen.
HÉRAULT *(zu Danton).* Er hält seine Leiche für ein Mistbeet der Freiheit.
PHILIPPEAU *(auf dem Schafott).* Ich vergebe euch, ich wünsche eure Todesstunde sei nicht bittrer als die meinige.
HÉRAULT. Dacht' ich's doch, er muss sich noch einmal in den Busen greifen und den Leuten da unten zeigen, dass er reine Wäsche hat.
FABRE. Lebewohl Danton. Ich sterbe doppelt.
DANTON. Adieu mein Freund. Die Guillotine ist der beste Arzt.
HÉRAULT *(will Danton umarmen).* Ach Danton, ich bringe nicht einmal einen Spaß mehr heraus. Da ist's Zeit. *(Ein Henker stößt ihn zurück.)*
DANTON *(zum Henker).* Willst du grausamer sein als der Tod? Kannst du verhindern, dass unsere Köpfe sich auf dem Boden des Korbes küssen?

---

[1] nach der griechischen Mythologie Sohn der Nacht und des Erebos, der Fährmann, der die Toten über den Fluss „Styx" zum Eingang der Unterwelt geleitete
[2] ehemals [altröm.] für die Götter und die Verstorbenen geleistete Trankspende

[IV, 8] EINE STRASSE

LUCILE. Es ist doch was wie Ernst darin. Ich will einmal nachdenken. Ich fange an, so was zu begreifen. Sterben – Sterben –
Es darf ja alles leben, alles, die kleine Mücke da, der Vogel. Warum denn er nicht? Der Strom des Lebens müsste stocken, wenn nur der eine Tropfen verschüttet würde. Die Erde müsste eine Wunde bekommen von dem Streich.
Es regt sich alles, die Uhren gehen, die Glocken schlagen, die Leute laufen, das Wasser rinnt und so, so alles weiter bis da, dahin – nein! Es darf nicht geschehen, nein – ich will mich auf den Boden setzen und schreien, dass erschrocken alles stehn bleibt, alles stockt, sich nichts mehr regt. *(Sie setzt sich nieder, verhüllt sich die Augen und stößt einen Schrei aus. Nach einer Pause erhebt sie sich.)*
Das hilft nichts, da ist noch alles wie sonst, die Häuser, die Gasse, der Wind geht, die Wolken ziehen. – Wir müssen's wohl leiden.

Einige Weiber kommen die Gasse herunter.

ERSTES WEIB. Ein hübscher Mann, der Hérault.
ZWEITES WEIB. Wie er beim Konstitutionsfest so am Triumphbogen stand, da dacht' ich so, der muss sich gut auf der Guillotine ausnehmen, dacht' ich. Das war so 'ne Ahnung.
DRITTES WEIB. Ja, man muss die Leute in allen Verhältnissen sehen, es ist recht gut, dass das Sterben so öffentlich wird. *(Sie gehen vorbei.)*
LUCILE. Mein Camille! Wo soll ich dich jetzt suchen?

[IV, 9] Der Revolutionsplatz

Zwei Henker an der Guillotine beschäftigt.

ERSTER HENKER *(steht auf der Guillotine und singt.)*
    Und wann ich hame geh
    Scheint der Mond so scheeh …

ZWEITER HENKER. He! Holla! Bist bald fertig?
ERSTER HENKER. Gleich, gleich!
   (Singt.) Scheint in meines Ellervaters[1] Fenster
      Kerl wo bleibst so lang bei de Menscher?
So! Die Jacke her! *(Sie gehn singend ab.)*
      Und wann ich hame geh
      Scheint der Mond so scheeh.
LUCILE *(tritt auf und setzt sich auf die Stufen der Guillotine).* Ich setze mich auf deinen Schoß, du stiller Todesengel.
   (Sie singt.) Es ist ein Schnitter, der heißt Tod,
      Hat Gewalt vom höchsten Gott.
Du liebe Wiege, die du meinen Camille in Schlaf gelullt, ihn unter deinen Rosen erstickt hast.
Du Totenglocke, die du ihn mit deiner süßen Zunge zu Grabe sangst.
   (Sie singt.) Viel hunderttausend ungezählt,
      Was nur unter die Sichel fällt.

Eine Patrouille tritt auf.

EIN BÜRGER. He werda?
LUCILE. Es lebe der König!
BÜRGER. Im Namen der Republik. Sie wird von der Wache umringt und weggeführt.

---

[1] Großvater (Dialektform)

Anhang

Die folgenden Personen und Ereignisse sind in den Fußnoten bereits kurz erklärt. In diesem Kapitel finden sich weitere, ausführlichere Erläuterungen in alphabetischer Reihenfolge.

1. Weitergehende Informationen zu Personen und Ereignissen

1. **Alkibiades** [ca. 450–404 v. Chr.], skrupelloser athenischer Feldherr, spielt in Platons Dialogen eine große Rolle. Sokrates' Todesurteil steht mit großer Wahrscheinlichkeit in Verbindung mit seiner Bekanntschaft zu Alkibiades, da dieser Schüler von Sokrates war und als ausgewiesener Gegner der Demokratie in Athen zeitweise mit den Feinden Athens, den Spartanern, konspirierte. Für die Untaten des Alkibiades und anderer [bspw. Kritias und Charmides] wurde Sokrates als deren Lehrer mit dem Todesurteil vermutlich mit zur Verantwortung gezogen.
2. **Anaxagoras von Klazomenai** [500–428 v. Chr.], griechischer Naturphilosoph, der von der Vorstellung ausging, dass nichts aus dem Nichts entspringe oder darin wieder aufgehe. Was immer ist, ist das Ergebnis eines Zusammenstandes von Teilchen, die in sich prinzipiell die Möglichkeit zu jedweder Verwirklichung tragen. Über ihre jeweilige „Mischung" oder „Scheidung" verfügt der Geist. Auf Anaxagoras' Geistphilosophie gehen Platons Ideenlehre und Aristoteles' Lehre vom unbewegten Beweger zurück.
3. **Aristides** [ca. 550–476 v. Chr.], griechischer Feldherr, der aufgrund seiner Ehrlichkeit auch der „Gerechte" genannt wurde.

4. **Assignaten:** Am 2. November 1789 wurden die Kirchengüter mit einem Stimmenverhältnis von 568 zu 346 eingezogen. Sie sollten veräußert werden. Für die ehemaligen Kirchen-, nun Nationalgüter, vergab man sogenannte Assignaten. „Es war nicht Papiergeld, sondern es waren verzinsliche Schatzscheine, 5%ige Schuldverschreibungen" (Schurin [4]2004: 108). Im Prinzip waren es Wertpapiere, deren Wert bei Ausgabe noch unbekannt war, da die Güter noch gar nicht verkauft waren. Infolgedessen waren sie nicht sehr beliebt. Später wurden weitere Assignaten angeboten, die wie ganz normales Papiergeld benutzt wurden.
5. **Bastille:** Am 14. Juli 1789 wurde die Bastille erstürmt. Zur Zeit der Erstürmung wurden nur sieben Gefangene dort festgehalten: zwei geistig Verwirrte, ein Adeliger und vier Fälscher. Als Haftanstalt für in erster Linie politische Gefangene des Königs wurde sie schon lange nicht mehr benutzt. Ihre Erstürmung war mehr ein symbolischer Akt und ein für alle sichtbares Zeichen, sich vom Joch des Absolutismus zu befreien.
6. **Barère, Bertrand** [1755–1841], Abgeordneter des dritten Standes in der Ständeversammlung und Abgeordneter im Nationalkonvent. Er leitete den Nationalkonvent bei Beginn des Prozesses über Ludwig XVI. und führte die Befragung des Königs durch. Er stimmte für dessen Todesstrafe. Er war ein Gegner von Danton.
7. **Billaud-Verennes,** Jacques Nicolas [1756–1819], beantragte die Guillotinierung der Königin Marie Antoinette und des Herzogs von Orléans. Er war Präsident des Nationalkonvents und Mitglied des Wohlfahrtsausschusses. Er verfügte, zusammen mit Danton, die Septembermorde (siehe Seite 95, Punkt 30) und war auch federführend beim Aufstand vom 10. August 1792 (Sturm der Tuilerien, Sturz der Monarchie). Er leitete den Sturz von Robespierre ein.
8. **Catilina,** Lucius Sergius [ca. 108 bis 62 v. Chr.], unterlag zweimal bei der Bewerbung um den Posten des Konsuls in Rom, einmal gegen Cicero, obwohl er beim zweiten Male von Julius Cäsar unterstützt wurde. Als Folge plante er die sogenannte Catilinarische Verschwö-

rung. Cicero („Wie lange noch, Catilina, willst du unsere Geduld missbrauchen?") vereitelte diese.
9. **Chabot, Delaunay, Fabre:** Zusammen mit Danton stellte man Personen mit zweifelhafter Biografie vor Gericht. Zu ihnen gehörten Chabot, Delaunay, Basire und auch Philippe François-Nazaire, der sich als Schauspieler den Künstlernamen Fabre d'Églantine [1755–1794] zulegte. Dieser schrieb Lustspiele, die Rousseaus Ideen verarbeiteten. Er arbeitete an dem neuen Kalender mit, bei dem das Jahr am 22. September begann. Das Jahr hatte zwölf Monate zu je dreißig Tagen, der Monat drei Wochen zu zehn Tagen. Die am Ende des Jahres übrigen fünf Tage (Schaltjahr: sechs) wurden dem letzten Monat zugeschlagen. Das Jahr 1 der neuen Zeitrechnung war das Jahr 1792. Die Neuordnung erfolgte aufgrund der Abkehr von der christlichen, für die Revolutionäre betrügerischen Tradition. Er starb unter dem Fallbeil.
10. **Chalier, Joseph** [1747–1793], französischer Revolutionär, zugehörig der Gruppe der Hébertisten, der unter dem Fallbeil starb.
11. **Collot d'Herbois, Jean-Marie** [1750–1796], ehemals Schauspieler, Mitglied des Nationalkonvents und des Wohlfahrtsausschusses, vom 13. Juni 1793 an Präsident des Nationalkonvents. Er war maßgeblich für die Gräueltaten in Lyon verantwortlich. Er wurde 1795 nach Guayana deportiert, wo er Anfang Januar des Folgejahres starb.
12. **Cordeliers:** ursprünglich eine aus den Reihen der Franziskaner gegründete Gruppe. Anstelle eines Gürtels trugen die Franziskaner und die Cordeliers einen Strick um die Kutte gebunden [(frz.) corde: Strick]. 1790 wurde ein geschlossenes Kloster der Cordeliers Treffpunkt einer Gruppe um Marat, Danton, Camille, Hébert und Desmoulins, die den Club der Cordeliers gründeten. Die Cordeliers zeichneten sich durch ihre Radikalität aus und trugen zum Sturz der gemäßigten Girondisten bei.
13. **Couthon, Georges Auguste** [1755–1794], Anhänger von Robespierre, Mitglied des Nationalkonvents, des Wohlfahrtsausschusses und seit Dezember 1793

Präsident des Nationalkonvents und mitverantwortlich für die Schreckensherrschaft. Er war gelähmt und bewegte sich in einem selbstgefertigten Rollstuhl. Er starb unter dem Fallbeil.

14. **Danton, Georges** [1759–1794], Advokat, ein hervorragender Rhetoriker und einer der maßgeblichen Führer der Französischen Revolution. Als Mitglied der Pariser Stadtverwaltung spielte er eine Rolle beim Sturm der Tuilerien und der Inhaftierung des Königs (10.08.1791). Er war Leiter des ersten Wohlfahrtsausschusses. Er gründete u. a. zusammen mit Camille Desmoulins und Jean Paul Marat den Club der Cordeliers (siehe Seite 91, Punkt 12), Club einer radikalen Gruppe bei den Jakobinern. 1792 wurde Danton Justizminister, er arbeitete am Sturz der Girondisten mit. Seine zunehmende Bereitschaft zum Kompromiss und seine Haltung zum ausgeübten Terror veranlassten Robespierre zum Sturz Dantons. Er starb unter dem Fallbeil.

15. **David, Jacques Louis** [1748–1825], bedeutender französischer Maler. Eines seiner bekanntesten Bilder ist „Der ermordete Marat" aus dem Jahre 1793 (siehe S. 183).

16. **Delacroix, Jean-François** [1754–1794], Advokat. Richter am Kassationsgericht. Seit September 1792 Mitglied des Nationalkonvents und 1793 für wenige Monate Mitglied des Wohlfahrtsausschusses. Als Generalleutnant ging er zusammen mit Danton auf Veranlassung des Konvents zur Armee in die Niederlande. Er starb unter dem Fallbeil.

17. **Desmoulins, Camille** [1760–1794]; frz. Anwalt, Revolutionär und Publizist, der die Revolution in Schrift und Wort unterstützte. Er rief am 12. Juli 1789 vor dem „Café de Fois" in Paris zum bewaffneten Aufruhr auf, der einen Tumult auslöste und von den Zuhörern aufgenommen und fortgetragen wurde. Seit 1792 war er unter Danton als Justizminister Generalsekretär im Justizministerium. Der „Club der Cordeliers" (siehe Seite 91, Punkt 12) wurde von Desmoulins mitbegründet. Seine Unterstützung für den sogenannten „Gnadenaus-

schuss" führte am 05.04.1794 zu seiner Hinrichtung. Er starb zusammen mit Danton unter dem Fallbeil.
18. **Dolch des Marcus Porcius Cato Uticensis** (Cato der Jüngere genannt) [95–46 v. Chr.]. Cato war Gegner von Cäsar und beging nach Cäsars Sieg über Scipio in Afrika Selbstmord mit dem Dolch, nachdem er seinen Truppen zuvor die Flucht ermöglicht hatte.
19. **Dumouriez, Charles François** [1739–1823], General und Vertreter der Girondisten. Die zunehmende Radikalisierung der Politik machte ihn zum Gegner der Revolution. Er floh 1792 nach Österreich und starb 1823 in Großbritannien in London.
20. **Epikur** [341–270 v. Chr.], griechischer Philosoph, dessen Lehre sich gegen die Todesfurcht und die Furcht vor den Göttern richtete. Der Tod beschreibt einzig und allein das Verlöschen des Bewusstseins, ohne dass eine göttliche Instanz einen strafenden Richtspruch leistete. Der Lauf der Welt ist ohne jegliches Zutun der Götter zu erklären. Ziel der Lehre ist der individuelle Seelenfrieden, der gefunden werden soll, die aus dem Lustkalkül [aus dem Verhältnis zwischen Lust und Schmerz] abgeleitete Glückseligkeit.
21. **Gethsemane** (aramäisch: Ölkelter), meint hier einen Olivenhain, in den sich Jesus Christus vor seiner Verhaftung mit seinen Jüngern begab. Matthäus 26,36: „Darauf kam Jesus mit den Jüngern zu einem Grundstück, das man Getsemani nennt, und sagte zu ihnen: Setzt euch und wartet hier, während ich dort bete."
22. **Girondisten:** gemäßigte Republikaner, der Name rührt daher, dass zahlreiche Vertreter dem Département Gironde entstammen. Sie waren auch – nach ihrem Wortführer Jacques Pierre Brissot – unter dem Namen „Brissotins" bekannt. Es handelte sich bei ihnen um eine Gruppe gebildeter, der Aufklärung folgender, wohlhabender Bürger, deren Kern Ende 1793/Anfang 1794 hingerichtet wurde.
23. **Guillotin, Dr. Joseph-Ignace** [1738–1814], ist nicht – wie oft behauptet – der Erfinder der Guillotine, die ursprünglich Louisette hieß und nach dem Arzt Dr. Louis benannt war, der für die Ausführungsbestim-

mungen zum Bau verantwortlich war. Guillotin machte aber 1789 vor der Nationalversammlung einen Vorschlag zur Reformierung des Strafrechts, der auch die Tötung unter dem Fallbeil einbezog. Seitdem ist sein Name mit diesem Hinrichtungsinstrument verbunden. Die Guillotine galt ursprünglich als humanitäre Errungenschaft, da andere Hinrichtungsmethoden oftmals sich lang hinziehende, grausame Sterbeszenen in Szene setzten. Guillotines Vorschlag sollte Folgendes bedingen: „Menschlichkeit gegenüber dem Opfer, dessen Schmerz die Guillotine verringert [...]. Menschlichkeit gegenüber den Zuschauern, denen die Maschine den grauenerregenden Anblick der alten Hinrichtungsmethoden erspart [...]. Menschlichkeit vor allem gegenüber dem Scharfrichter" (Arasse 1988: 23), der lediglich eine Mechanik auszulösen hatte. Bedingt durch ihre Effektivität und die Technisierung des Tötens, bei dem nicht mehr ein Mensch den Tod brachte, sondern die Mechanik eines automatisierten Ablaufs, galt die Guillotine auch als Produkt der Aufklärung. Am 3. Juni 1791 beschloss die Nationalversammlung die Enthauptung als alleinige Hinrichtungsart. Nicolas Jacques Pelletier, ein Dieb und Mörder, starb im April 1792 als Erster unter der Guillotine. In der Französischen Revolution kam sie aus politischen Motiven erstmals im August 1792 zum Einsatz und wurde rasch zum Symbol für die Revolution und für deren Schrecken. Victor Hugo schreibt 1820: „Für unsere Mütter ist die Revolution eine Guillotine."

24. **Hébert, Jacques** [1757–1794], Wortführer der extremen Gruppe der nach ihm benannten Hébertisten. Er kämpfte vehement für die Religionsauflösung, fügte sich der gemäßigten Auffassung von Robespierre, der anfangs für freie Religionsausübung plädierte. Er starb unter dem Fallbeil.

25. **Hébertisten**, nach dem Jakobiner Hébert [1757–1794] benannte Gruppe, die das Verbot der Kirche und die Weihung der Notre Dame zum „Tempel der Vernunft" vorantrieben. Die als besonders extrem geltenden Hébertisten wurden ab März 1794 auf Veranlassung von Robespierre verhaftet und hingerichtet.

26. **Hérault-Séchelles, Marie Jean** [1759–1794], Anwalt und Mitglied des Wohlfahrtsausschusses. Mitautor der Verfassung (1791). Er starb zusammen mit Danton unter dem Fallbeil.
27. **Jakobinerclub:** Das ehemalige Dominikanerkloster „Saint-Jacques" in Paris war der Versammlungsort für die Mitglieder der radikalen Gruppe um Robespierre oder auch Mirabeau, die 1789 den Club „des amis de la constitution" (Gesellschaft der Verfassungsfreunde) gründeten. Vom Namen des Versammlungsortes leitet sich der gängige Name „Jakobinerclub" ab.
28. **Klytämnestra,** nach der griechischen Mythologie die Königin von Mykene und Gattin des Agamemnon, Mutter der Elektra, Iphigenie, Orestes und Leda. Sie tötete ihren Gatten, weil dieser Iphigenie bei seinem Feldzug gegen Troja in der Hoffnung auf gute Winde geopfert hatte.
29. **Lafayette, Marquis de Marie Joseph Motier** [1754–1834], frz. General und Politiker. Bevor er sich in der Französischen Revolution engagierte, war er im Unabhängigkeitskrieg der USA als General im Stab von George Washington tätig. Zurück in Frankreich legte er als Mitglied der Nationalversammlung einen Entwurf der Menschenrechte vor, der sich eng an der amerikanischen Unabhängigkeitserklärung orientierte. Nachdem er bei den Jakobinern 1792 in Ungnade gefallen war, floh er. 1834 starb er in Paris.
30. **Marat, Jean Paul** [1744–1793], Revolutionär und Publizist. Bei den Septembermorden, bei denen 1792 ca. 1300 „verdächtige" Inhaftierte ermordet wurden, war er einer der Initiatoren. Er machte schon 1790 in der Zeitung „Ami du peuple" folgende „Rechnung" auf: „500 oder 600 abgeschlagene Köpfe würden Ruhe, Freiheit und Glück verbürgen" und würden dadurch Millionen von Menschen das Leben retten. Jean Paul Marat war zunächst Girondist, machte 1793 die Wandlung zum Jakobiner durch und wandte sich gegen die Girondisten. Er wurde im Juli 1793 von Charlotte Corday ermordet und anschließend zum Martyrer hochstilisiert.

31. **Medea,** gemäß der griechischen Mythologie Tochter des Königs Aietes und von Eidyia, Zauberin. Medea verliebte sich in Jason, den Anführer der Argonauten, der nach Kolchis kam, um das goldene Vlies zu stehlen. Gemäß der Mythologie zerstückelte sie nach dem Diebstahl ihren Bruder, um Aietes, ihren Vater, bei der Verfolgung Jasons aufzuhalten, der die Teile des Bruders zusammentrug.
32. **Mirabeau, Honoré Gabriel du Riqueti, Graf von,** [1749–1791], Schriftsteller, Politiker und ausgezeichneter Redner, wurde als Adliger 1789 als Vertreter des Bürgertums (dritten Standes) in die Generalstände gewählt. Er erklärte, zusammen mit Emmanuel Sieyès, am 17. Juni 1789 den dritten Stand zur Nationalversammlung. In der Nationalversammlung vertrat er eine gemäßigte Haltung und trat für eine konstitutionelle Monarchie ein. Er unterhielt Kontakte zum königlichen Hof, für die er vom Hof bezahlt wurde. Er war vom Dezember 1790 bis zu seinem krankheitsbedingten, natürlichen und unerwarteten Tod im April 1791 Präsident der Nationalversammlung.
33. **Nero** [37–68 n. Chr.], sein eigentlicher Name war Claudius Drusus Germanicus Caesar. Fünfter Kaiser von Rom und letzter aus dem Julisch-Claudischen Hause. Er pflegte eine weitgehende Willkürherrschaft. Seine Leidenschaft war die Kunst. Er schrieb Gedichte und sang zur Kithara (Saiteninstrument aus der Familie der Leiern). Gerüchten zufolge soll er der Anstifter des Brands von Rom im Jahre 64 gewesen sein.
34. **Orléans, Louis Philippe Joseph, Herzog von,** [1747–1793], Vetter von König Ludwig XVI. Er trat im Juni 1789 als Vertreter der Adligen dem dritten Stand bei. Daher rührt sein Name Philippe Égalité. Als Mitglied der Nationalversammlung stimmte Orléans für die Hinrichtung von Ludwig XVI. Am 06. November 1793 ereilte ihn das selbe Schicksal. Er starb unter dem Fallbeil.
35. **Paetus,** ein in die Verschwörung um Kaiser Claudius verwickelter Römer. Seine Frau sprach diese Worte zu ihrem Mann, als sie diesem den Dolch reichte. Sie erdolchte sich im Angesicht der Folter selbst.

36. **Philippeau, Pierre** [1754–1794], Rechtsanwalt und Konventsmitglied. Er kämpfte 1793 gegen die Royalisten in der aufständischen westfranzösischen Provinz Vendée. Er starb zusammen mit Danton unter dem Fallbeil.
37. **Pitt, William, der Jüngere** [1759–1806], war zwischen 1783 und 1801 sowie zwischen 1804 und 1806 Premierminister in Großbritannien. Er erklärte 1793 Frankreich den Krieg.
38. **Pygmalion** ist in der griechischen Mythologie der König von Zypern, der sich in eine nach seinem Ideal geschaffene Frauenstatue aus Elfenbein verliebte und Aphrodite bat, ihr Leben einzuhauchen. Aphrodite kam diesem Wunsch nach und Pygmalion heiratete sie. Ihr Name, der in der griechischen Antike noch nicht bekannt war, wird mit Galatea angegeben.
39. **Quod erat demonstrandum:** (lat.), was zu beweisen war. Abkürzung: q.e.d. Schlusssatz im mathematischen Beweisverfahren. Er geht auf Euklid [ca. 320–275 v. Chr.] zurück, der in seinem bahnbrechenden Buch „Elemente" die Euklidische Geometrie begründet und auf fünf Axiome zurückführt, die er mit dem später auch ins Lateinische übersetzten Satz: „was zu beweisen war" beendet.
40. **Robespierre, Maximilien de** [1758–1794], Advokat, französischer Revolutionär, Vertreter des dritten Standes in den Generalständen und später im Nationalkonvent, Mitglied im Club der Jakobiner, deren Präsident er 1790 auch wurde. Verfechter der Ideale der Aufklärung, stark beeinflusst von den Ideen Rousseaus, über dessen Ideen er die Terrorherrschaft legitimierte. Seit Juli 1793 war er Mitglied des Wohlfahrtsausschusses, der zunehmend Todesurteile fällte (im Juni 1794 fast 700, im Juli fast 1000) und dessen Vorsitzender er wurde. Der immer maßloser werdende Terror führte zu seinem eigenen Untergang, der durch die Mitglieder des Konvents herbeigeführt wurde. Er starb am 27. Juli 1794 unter dem Fallbeil.
41. **Saint-Just, Antoine de** [1767–1794], seit 1792 Abgeordneter im Nationalkonvent, fanatischer Anhänger von Robespierre, wesentlich beteiligt beim Sturz der

Girondisten, der Hébertisten und von Danton. Er starb zusammen mit Robespierre unter dem Fallbeil.
42. **Sanson, Charles Henri** [1740–1793], Scharfrichter, der auch Ludwig XVI. hinrichtete. Er schreibt 1792 in seinem Tagebuch: „[I]ch freute mich bei dem Gedanken, dass […] der König […] unter dem Schutz vertrauter Freunde fliehe. […] Da war kein Zweifel, kein Traum mehr möglich, denn dort erschien der königliche Märtyrer. Es wurde mir schwarz vor den Augen, ein förmliches Zittern überlief meine Glieder; […]. […] In dem Augenblick war der König auf das verhängnisvolle Brett gebunden, und als das Fallbeil herniederblitzte, konnte er noch die tiefe Stimme des Priesters vernehmen, […]. […] So hat dieser unglückliche Fürst geendet. […] Das kleinste Zeichen hätte genügt, um eine Entscheidung zu seinen Gunsten herbeizuführen, […]" (Sanson 1999: 193–196).
43. **Saturn,** römischer Gott des Ackerbaus, der mit dem griechischen Gott Kronos verglichen wurde. Kronos wurde prophezeit, dass eines seiner Kinder ihn stürzen würde. Bis auf Zeus, der vor Kronos verborgen wurde, verschlang Kronos alle seine Kinder. Zeus führte später den Sturz von Kronos herbei. Nach einer anderen Legende war Kronos ein gütiger Herrscher und später Herrscher über die Insel der Seligen. Von hier aus wird eine Verbindung zu Saturn gezogen. Die oben von Danton gemachte Aussage verknüpft indirekt beide Legenden miteinander.
44. **Schubart, Christian Friedrich Daniel** [1739–1791], Dichter, Musiker und Publizist, schrieb 1783 ein Gedicht mit dem Titel „Der ewige Jude. Eine lyrische Rhapsodie". Dort heißt es: „Ha! Nicht sterben können! Nicht sterben können!"
45. **Semele,** nach der griechischen Mythologie Mutter des Gottes Dionysos. Der Vater war Zeus, der gegenüber Semele als Sterblicher auftrat. Zeus' eifersüchtige Gattin Hera überredete Semele, von Zeus zu verlangen, dass er sich ihr in seiner wahren Gestalt zeigen sollte. Durch ein Versprechen zur Erfüllung ihrer Wünsche gebunden, zeigte sich Zeus, und Semele verbrannte im Angesicht der glänzenden Göttlichkeit. Zeus rettete Dionysos, der

Semele später aus der Unterwelt auf den Olymp brachte. Dort hieß sie fortan Thyone.

46. Simson, von Gott, „Geist des Herrn", mit sagenhaften Kräften ausgestatteter Held aus dem Alten Testament (Richt 14–16), der sich in Delia, eine Frau aus dem Volk der Philister, verliebte. Delia entlockte ihm das Geheimnis seiner ungeheuren Kräfte – Richter 16,24: „Würden mir die Haare geschoren, dann würde mich die Kraft verlassen" – und er geriet in die Gewalt der Philister, die ihm das Augenlicht nahmen und ihn demütigten. Ein letztes Mal verlieh Gott ihm die Kraft und in einer letzten Anstrengung riss er Tausende von Philistern mit sich in den Tod. In einer Erzählung erschlägt Simson mit einem Kinnbacken eines Esels tausend Feinde (Richter 15,16). Simson ist auch unter dem Namen Samson bekannt.

47. Sokrates [ca. 469–399 v.Chr.], Philosoph im antiken Athen, hinterließ selber keine Schriften. Seine Ideen wurden durch Dialoge Platons erhalten. Mithilfe der „Mäeutik" (griech.: Hebammenkunst) wollte er seine Schüler in einem gelenkten Frage- und Antwortspiel zur selbstgefundenen wahren Erkenntnis führen. Erkenntnis würde aus der eigenen Vernunft heraus „geboren". Nach einem Prozess wegen Gotteslästerung und wegen der Verführung der Jugend wird er zum Tode durch den Schierlingsbecher (Becher, gefüllt mit Gift) verurteilt.

48. Spinoza, Baruch (Benedikt) [1632–1677], Vertreter der Identitätsphilosophie: „[A]alles sei in Gott und werde in Gott bewegt". Spinoza denkt Gott als alles umfassendes Sein, bzw. als alles umfassende Substanz. Alles umfassend meint, was immer auch existieren mag, ob Körper und Geist, Leib und Seele, jedwedes Ding, ist seinshafte Substanz und folglich Gott. All dies ist Gott, nicht weniger, aber auch nicht mehr. Gott ist in der Welt und ist die Welt. Bei Spinoza werden Natur und Geist aufgebrochen und in der Identität aufgehoben. Ein pantheistisches Modell, das Spinoza vorschwebt.

49. Stoiker: Als Hauptvertreter der stoischen Philosophie gilt Zenon [336–265 v. Chr.]. Der griechische Name „Stoa" heißt „Säulengang" und verweist auf eine Säulenhalle in Athen, in der Zenon lehrte. Ca. 300 v. Chr.

wurde sie in Athen bekannt. Der Stoizismus glaubt an die Macht der Vernunft, die im Menschen [Mikrokosmos] wie in der Natur [Makrokosmos] verankert liegen. Chaotisch ist die Welt dort, wo nicht die Vernunft, sondern das Irrationale, wie bspw. Gefühle, im Zentrum stehen. Um im Einklang mit der Natur zu leben, gilt es daher, die Gefühle zurückzudrängen, sich zu beherrschen und die eigenen Wünsche zu reduzieren. Die Stoiker vertreten so das Prinzip der Gleichgültigkeit oder das der Apathie. Im Begriff der „stoischen Ruhe" begegnet uns heute noch das Ideal des Stoizismus.

50. Tacitus, Publius Cornelius [55 – ca. 115 v. Chr.], römischer Geschichtsschreiber. In der von Camille vertriebenen Zeitung wurde mit Tacituszitaten der Radikalenterror kritisiert.

51. Vendée: 11. März 1793, Beginn des Aufstandes in der Vendée, ein Département südlich der Loire, u. a. aufgrund wirtschaftlicher Lasten, die abgefordert wurden. „Römisch-katholische" oder auch „christliche Armee" nannten sich die Aufständischen in der Vendée. Der Aufstand dauerte bis in den Dezember des Jahres hinein und die endgültige Niederschlagung fast ein Jahr. Von den Jakobinern wurde daraufhin das Revolutionstribunal installiert, das nach den Worten Dantons wie folgt handeln sollte: „Seien wir schrecklich, damit das Volk es nicht zu sein braucht. Das ist ein Gebot der Humanität" (Danton, zit. nach Schurin [4]2004: 219). Im Zuge dieser Unruhen und anderer Schwierigkeiten kam es auch zur Gründung des Wohlfahrtsausschusses. Die Girondisten wendeten sich gegen die Sansculotten, indem sie vor Enteignungen warnten und mit Girondisten, Katholiken und Royalisten auf der einen Seite und Jakobinern auf der anderen Seite zur Verschärfung und Ausbreitung des Bürgerkrieges beitrugen. Die Zeit des Terrors und der Schreckensherrschaft begann. Mit Niederschlagung des Aufstandes wurde den Girondisten der Prozess gemacht. In den aufständischen Provinzen wurden unter Collot d'Herbois neue Hinrichtungsmethoden eingeführt, da die Guillotine nicht so schnell arbeiten konnte, wie ihr zum Tode Verurteilte zugeführt werden sollten:

die „Füsilladen" und „Mitraillarden": Die Verurteilten wurden vor selbstgeschaufelten Gräbern mit Kanonen niedergeschossen. Bei Nantes wurden unter Carrier die sogenannten „Nojaden" durchgeführt: Dahinter verbargen sich Massenertränkungen in der Loire.
52. **Wohlfahrtsausschuss:** Am 25.03.1793 wurde der Wohlfahrtsausschuss vom Nationalkonvent ins Leben gerufen. Er war ein Instrument der Exekutive. Ursprünglich aus neun, später aus zwölf Mitgliedern setzte sich der Ausschuss zusammen. Marat sagte über den Ausschuss: „Ich will diese Institution nicht unter politischen und verfassungsmäßigen Prinzipien untersuchen; sie ist keine Einrichtung der Staatsgewalt, sie ist eine Übergangseinrichtung mit der Aufgabe, die Nationalgarde zu organisieren und sie gegen den Feind zu werfen." Unter der zunehmenden Kontrolle der Jakobiner wurde der Ausschuss zum diktatorischen Instrument der beginnenden Terrorherrschaft.
53. **Young, Edward** [1683–1765], englischer Dichter. Er schrieb das zwischen 1742 und 1745 neunteilige, in Versen abgefasste Werk „The Complaint, or Night Thoughts on Life, Death and Immortality", das 1747 als Gesamtausgabe erschien. Zu deutsch: „Klagen oder Nachtgedanken über Leben, Tod und Unsterblichkeit". Der Tod seiner Frau veranlasste ihn zu diesem Werk.

(Norbert Schläbitz)

2. Biografisches

Norbert Schläbitz: Lebensstationen Georg Büchners[1]

„[D]er dramatische Dichter ist in meinen Augen nichts als ein Geschichtsschreiber, steht aber über Letzterem dadurch, dass er uns die Geschichte zum zweiten Mal erschafft und uns gleich unmittelbar, statt eine trockne Erzählung zu geben, in das Leben einer Zeit hineinversetzt, uns statt Charakteristiken Charaktere und statt Beschreibungen Gestalten gibt. Seine höchste Aufgabe ist, der Geschichte, wie sie sich wirklich begeben, so nahe als möglich zu kommen." (Georg Büchner in einem Brief an seine Eltern vom 28. Juli 1835)

Elternhaus und Schule

Georg Büchner um 1831

Das Licht der Welt erblickt Georg Büchner als Sohn von Ernst Karl und Frau Caroline Louise Büchner (geb. Reuß) – am 17.10.1813 in Goddelau, einem kleinen Ort im Großherzogtum Hessen. Sein Vater arbeitet hier seit 1811 als Distriktarzt und ist wenig später in einer weiteren Funktion als Chirurg des Philipphospitals, einem Krankenhaus für *Rasende und Wahnsinnige*, in Hofheim für die Insassen zuständig. An diesem Ort lernen sich die Eltern von Georg kennen und lieben. Möglich wird dies, da der Vater von Caroline Louise in seiner Funktion als Hofrat für die Aufsicht

---

[1] Da zwischen den verschiedenen Veröffentlichungen zu Büchners Lebenslauf manche Zeitangaben einander z. T. erheblich widersprechen, werden im Zweifelsfalle hier entsprechende Angaben wiedergegeben nach: Thomas Michael Mayer: Eine kurze Chronik zu Leben und Werk. In: Arnold, Heinz Ludwig (Hg.): Georg Büchner. Text+Kritik Sonderband. München 1979, S. 357–426

dieses Hospitals zuständig ist und somit Caroline hin und wieder zugegen ist.
Die Lebensumstände, in denen Georg aufwächst, können als gutbürgerlich bezeichnet werden. Georg entstammt einer Familie, die auf eine lange Arzttradition zurückblicken kann. Zeugnisse, in denen von der Wundarztfamilie Büchner die Rede ist, reichen bis ins 16. Jh. zurück. Die Praxis des Vaters ist in den häuslichen Raum integriert, was heißen soll, dass eine wirkliche Trennung zwischen Haushalt und Praxis im Grunde nicht existiert. So kommen die Kinder von Jugend an mit Kranken und ihren Leiden in Kontakt, was die Entwicklung der Kinder in Bezug auf deren Beruf und Gerechtigkeitssinn nicht unmaßgeblich beeinflusst.
Der Vater von Georg zeichnet sich durch Prinzipienstrenge und Disziplin aus, die Mutter hingegen – als Tochter einer höher gestellten Beamtenfamilie – beweist schöngeistigen Sinn. Während so der Vater den Sohn nach seinen Möglichkeiten auf dem naturwissenschaftlichen Sektor wesentlich fördert, ist es der Mutter gegeben, das literarische Interesse von Georg zu wecken.
Er wächst – als eines von acht Kindern, von denen zwei allerdings in jungen Jahren sterben, – in einem Haushalt auf, der, bedingt durch die Mutter, von Aufgeschlossenheit und Wärme geprägt ist. Diese vertrauensvolle Beziehung spiegelt sich späterhin auch in seinen Briefen an die Eltern wider: Sie sind von bemerkenswerter Offenheit. Büchners Geschwister stehen, mit Ausnahme der Schwester Mathilde, in ihrem späteren Leben gleichsam in der Öffentlichkeit und erlangen zum Teil nicht unerheblichen Ruhm: Luise Büchner (1821–1877), die als eine der ersten Frauenrechtlerinnen ihren schwierigen Weg geht und Aufmerksamkeit erregt, der wirtschaftlich erfolgreiche Fabrikant und Erfinder Wilhelm Büchner (1816–1892), der sich später nicht minder erfolgreich – zunächst als Land-, später als Reichstagsabgeordneter – in der Politik engagiert, Ludwig Büchner (1824–1899), der als Philosoph, dessen Lehre sich dem Materialismus verschreibt, zu seinen Lebzeiten Weltruhm erlangt und Alexander Büchner (1827–1904), Professor für *fremdländische Literatur* und Jurist in der Familie.

Mit neun Jahren wird – nach einem 1816 erfolgten Umzug nach Darmstadt im Jahre 1822 – Georg Schüler der privaten Erziehungs- und Unterrichtsanstalt des Theologen Carl Weitershausen. Für den Neunjährigen stehen – im Zuge der neuhumanistischen Ausrichtung der Schulen in jener Zeit – neben anderen Fächern auch schon Latein und Griechisch auf dem Programm. Johann Georg Zimmermann führt das Humanistische Gymnasium in Darmstadt, das Georg dann von 1825 an besucht. 1830 hält er im Rahmen des öffentlichen *Gymnasial-Redeactus* die *Rede zur Vertheidigung des Cato von Utika*, der idealistische Anklänge innewohnen, die späterhin revidiert werden. Ein Jahr später – im März – beschließt er mit der in Latein gehaltenen Abiturientenrede seine Schullaufbahn. Neben ihm besuchten in früheren Jahren noch andere bekannte Personen dieses Gymnasium, u. a. Georg Christoph Lichtenberg (1742–1799) oder auch der Naturforscher Justus Liebig (1803–1873).

Studienzeit und manches mehr in Straßburg

Im November 1831 geht Büchner nach Straßburg, um dort Medizin zu studieren. Straßburg ist mit seinen nahezu 50 000 Einwohnern und dem 142 m großen Münster eine Stadt, die – im Gegensatz zu Darmstadt – fast schon großstädtisch wirkt. Neben einem umfänglichen kulturellen Angebot ist es vor allen Dingen die politische Diskussion, die die Stadt belebt und die Menschen umtreibt. In Lesesälen, Theatern, Casinos oder auf der Straße trifft

Louise Wilhelmine Jaeglé

man sich, einerseits um sich kulturell zu vergnügen, andererseits aber eben auch, um die jeweiligen politischen Gesinnungen – mitunter heftig streitend – zu vertreten. Das Diskutieren und Streiten hat seinen Grund, denn die Bevölkerung lebt – ähnlich wie im Großherzogtum Hessen – zu einem großen Teil unter dem Existenzminimum. Als Folge davon erlebt die Stadt Unruhen, so den Rinderaufstand vom

September 1831 oder den Aufstand der Weber, die um einen Mindestlohn kämpfen und zu 30 000 auf die Straße gehen. Die Staatsmacht schlägt den Aufstand blutig nieder. Georg Büchner bleibt von diesen sozial bedingten Wirren nicht unbeeindruckt. Er ist in eine Zeit des politischen Umbruchs hineingeboren. War es anfänglich das Elternhaus, das ihn in seinem Denken beeinflusste, und später die Schule, in der er nicht nur lernt, sondern in deren Strukturen er ja auch lebt, so wird nun deutlich, dass es darüber hinaus das ganz allgemein in Bewegung geratene Gesellschaftsfeld ist, das sich auf Georgs politische Gesinnung auswirkt. Seine Ansichten sind radikal und spiegeln sich in folgenden Worten, die einem Brief an die Eltern aus dem Jahre 1833 entnommen sind: *Meine Meinung ist die: Wenn in unserer Gesellschaft etwas helfen soll, so ist es Gewalt.* So nimmt es auch nicht wunder, dass Georg schon vier Wochen nach seiner Ankunft in Straßburg in der Straßburger Studentenvertretung *Eugenia* als Gast einer Versammlung beiwohnt und später zu einem ihrer radikalsten Vertreter zählt. In einem Protokoll zu einer Eugenia-Sitzung aus dem Jahre 1832 heißt es, er *schleudert einmal wieder alle mögliche Blitze und Donnerkeile, gegen alles was sich Fürst u. König nennt.* In die Zeit des Straßburger Aufenthaltes fällt des Weiteren auch die Mitgliedschaft in einer Sektion des links orientierten Geheimbundes *Societé des Droits de l'Homme et du Citoyen*. Stets geht es um die Rechte bzw. um die Einforderung von Rechten des sozial benachteiligten, einfachen Menschen.
Bei allem politischen Eintreten für die Rechte anderer gibt es auch ein Privatleben. Georg Büchner lebt bei dem Pfarrer Johann Jakob Jaeglé, mit dem er entfernt verwandt ist. Dort studiert und diskutiert er nicht nur, sondern hier verliebt er sich auch. Er fühlt sich von der Tochter Wilhelmine Jaeglé – auch Minna geheißen und im Fortgang so genannt – angezogen. Seine Liebe wird von der drei Jahre älteren Frau erwidert, und im Verlaufe seines Aufenthaltes verloben sich die beiden schließlich in aller Heimlichkeit.

Krisenzeit: *Zurück in Hessen*

1833 kehrt Büchner nach Deutschland zurück, um sich im Oktober in Gießen an der Landes-Universität zu immatrikulieren. Im Gegensatz zu Straßburg ist das ca. 7000 Seelen zählende Gießen, mit den Worten seines Bruders Alexander, ein *Studentendorf, wo die Häuser sich schwerfällig aneinanderlehnten, um nicht umzufallen.* Es ist eine Stadt der Enge, des einfachen Lebens und des Gestanks. Vergnügliche Abwechslungen gibt es kaum. Es ist eine studienintensive Zeit. An der Universität lehrt, neben Kapazitäten wie Justus Liebig, auch der Sonderling Wilbrand, Professor für vergleichende Anatomie, Physiologie und Naturgeschichte, der in seinen Vorlesungen gern seinen Sohn vorführt, wie Georg Büchner erzählt: *Der Sohn, der die Ohren brillant bewegen konnte, musste dann erscheinen [...] Nach der Beschreibung der Ohrmuskeln sagte der Professor [...]: Diese Muskeln sind beim Mensken obsolet geworden, das können nur die Äffken. Jolios, mach's mal! Der unglückliche Jolios musste dann aufstehen und mit den Ohren wedeln.* Im Drama Woyzeck finden wir das so grotesk Anmutende verarbeitet. Neben solchen Vorführungen erklärt Wilbrand, der im Übrigen von Goethe geachtet wird, den Blutkreislauf des Menschen für nicht existent, und dass bei der Atmung Sauerstoff aufgenommen wird ist ihm ein Trugglaube.

Georg Büchner durchläuft um die Jahreswende eine Zeit der Krisen. Sein politischer Gestaltungswille liegt brach, ist aber gleichwohl ungebrochen. *Die politischen Verhältnisse könnten mich rasend machen,* heißt es in einem Brief an August Stoeber, datiert vom 09.12.33. Sein Gefühlsleben ist, bedingt durch die Trennung von Minna, ungeordnet, und er ist sich unschlüssig, ob der gewählte Promotionsabschluss mit der Zielrichtung, Arzt zu werden, der richtige ist. Eine leichte Hirnhautentzündung kommt noch hinzu. Er kehrt über Weihnachten nach Darmstadt zurück, um im Januar in Gießen seine Studien wiederaufzunehmen. In Briefen an Minna Jaeglé schildert Büchner seine innere Verfassung, das Gefühl der Isolation, das er empfindet, und die psychische Krise, die er durchlebt. Die Depressionen führen im März zum sogenannten *Fatalismusbrief* an Minna.

Politisch aktiv: Der Hessische Landbote

Im März gründet er – der depressiven Stimmung, die ihn umfängt, zum Trotz – in Gießen die *Gesellschaft für Menschenrechte*, die sich an dem gleichnamigen französischen Vorbild orientiert. Frühkommunistisches Gedankengut wird in dieser Gesellschaft diskutiert. Hier findet er die Verbündeten, die den wenig später im August erscheinenden *Hessischen Landboten* möglich machen werden. Das Jahr 1834 ist insgesamt ein ereignisreiches Jahr für Georg Büchner. In den Osterferien fährt er zunächst nach Straßburg, um Minna wiederzusehen. Im gleichen Jahr – im September – wird offiziell im Kreise der Familie die Verlobung verkündet. Der Vater billigt zunächst die Verbindung nicht, einigt sich aber mit seinem Sohn im Gegenzug für seine Einwilligung darauf, dass das Medizinstudium zum ordentlichen Abschluss geführt wird.

Zwischen die Reise über Ostern nach Straßburg und die Verlobung im darauffolgenden September fällt im August die Veröffentlichung des *Hessischen Landboten*, der im November des gleichen Jahres eine Neuauflage in einer veränderten Fassung erfährt. Flugschriften gibt es in dieser politischen Umbruchzeit zahlreiche. Diese aber hebt sich aus der Masse hervor, da sie – rhetorisch geschickt – einerseits das im Volk hohe Autorität genießende Bibelwort bemüht, dieses andererseits mit der Sprache der sachlichen Analyse mischt. Die Kopplung von nachprüfbaren, konkreten Werten mit dem den Glauben ansprechenden Wort macht diese Schrift politisch hochbrisant. Die Staatsmacht erkennt, wie gefährlich die Flugschrift werden könnte. Ein Referent beim Gießener Hofgericht deklariert sie als *hochverräterische* und weiter als *unzweifelhaft revolutionäre Flugschrift,* die zum Umsturz auffordere. Büchner möchte mithilfe dieser Schrift das bäuerliche Volk aufklären: *Man muss ihnen zeigen und vorrechnen.* Und Büchner, dem es um die politische Bewusstseinsbildung geht, zeigt, indem er die Ungleichverteilung im Staate mit konkreten Zahlen belegt und auf die Gleichheit des Menschen durch die Autorität des Gotteswortes verweist, auf eine dem einfachen Volk nachvollziehbare Weise das große Unrecht auf, das ihm angetan wird.

Um die Schrift publizieren zu können, sucht Büchner die Zusammenarbeit mit dem Rektor Friedrich Ludwig Weidig, der die Möglichkeit zur Drucklegung hat. Weidig ist einer der führenden Oppositionellen in jener Zeit. Zum Ziel gesetzt hat dieser sich die Einheit des deutschen Staates unter der Führung eines Volkskaisers, Büchner hingegen möchte den Staat im demokratischen Sinne so reformieren, dass dem Volk mehr Macht zukommt. *Was ist denn nun das für ein gewaltiges Ding: der Staat?* fragt er im *Landboten* und kommt zu dem Schluss: *Der Staat sind also alle.* Trotz der unterschiedlichen Grundhaltungen arbeiten die beiden in Anbetracht des gemeinsamen, übermächtigen Gegners zusammen.

Bei der ersten Drucklegung redigiert Weidig in Teilen das Manuskript von Büchner, ergänzt, lässt weg, damit andere in der Opposition Stehende sich mit der Schrift identifizieren können, denn die Schrift ist in der Originalfassung so abgefasst, dass auch bestimmte oppositionelle Kreise sich angegriffen fühlen könnten. Büchner billigt die Veränderungen nicht, ihm fehlt aber die Möglichkeit, die Schrift anderweitig zu veröffentlichen. Die Obrigkeit erfährt durch einen verräterischen Vertrauten Weidigs – Conrad Kuhl – von der Flugschrift. Der Student und Freund von Georg Karl Minnigerode wird mit einer großen Anzahl von Exemplaren der Schrift verhaftet. Nur wenige gelangen in den Umlauf. Im Zuge der angesetzten Untersuchungen wird auch Büchners Stube durchsucht, der daraufhin beim Universitätsrichter Georgi vorspricht und protestiert. Gegen Büchner liegt zwar ein Haftbefehl vor; diesen traut sich Georgi wegen Büchners selbstsicherem Auftretens jedoch nicht zu vollziehen. – Büchner verlässt Gießen und geht nach Darmstadt zu seinen Eltern.

Literarisches Wirken und beruflicher Werdegang

Im Januar des Folgejahres muss er schließlich doch fliehen. Doch zuvor beginnt er mit der Niederschrift des Dramas *Dantons Tod* und schickt es nach Fertigstellung an den Literaten und Kritiker Gutzkow. Die Niederschrift benötigte nur wenige Wochen, und die Eile mag ihren Grund haben in dem Honorar, das Büchner erwartete und für die Flucht verwenden wollte. Das von Gutzkow in Aussicht gestellte Honorar von 100 Gulden erreicht Büchner in Darmstadt nicht mehr. Er reist im März nach Straßburg ab, wo er sich unter dem Namen Jacques Lucius anmeldet. Ein Steckbrief, der im Sommer (18. Juni) im hessischen Raum in zwei Zeitungen veröffentlicht wird, zeigt im Nachhinein die Notwendigkeit der Flucht nach Straßburg, wo ihm dann auch Asyl gewährt wird. Politisch ist Georg Büchner, der seinen richtigen Namen bald wieder annimmt, in dieser Zeit kaum mehr tätig, er versucht sich im Geldverdienen, indem er Übersetzungen anfertigt, so Victor Hugos *Lucrèce Borgia* und *Marie Tudor*.

Im gleichen Jahr entsteht *Lenz*, eine Novelle über den bekannten Autor des Sturm und Drang, der nach einer Leidenszeit schließlich dem Wahnsinn verfällt. Auch hier ist Büchner das Quellenstudium wichtig, und so zeigt seine Novelle in der literarischen Verarbeitung weiterhin Nähe zur protokollierten Krankengeschichte des Pfarrers Johann Friedrich Oberlin, in dessen Hause Lenz 1778 drei Wochen verbrachte. In der Novelle *Lenz* wird Büchners idealistische Abneigung deutlich, so wenn er Lenz sagen lässt: *Der liebe Gott hat die Welt wohl gemacht, wie sie sein soll, und wir können wohl nicht was Besseres klecksen, unser einziges Bestreben soll sein, ihm ein wenig nachzuschaffen.* Und schließlich: *Der Idealismus ist die schmählichste Verachtung der menschlichen Natur.* Der Literat als Historiker, der mit seinen Mitteln das Leben in all seinen Schattierungen ohne Schönzeichnungen wiedergibt, das ist es, was Büchner vorschwebt. *Lenz*, die Novelle, trägt, trotz der Nähe zur Quelle, zugleich autobiografische Züge, die die Lebens- und Seelenwelt Büchners widerspiegeln; der Bruder Ludwig Büchner spricht später von *verwandte[n] Seelenzuständen* und davon, dass die Novelle *halb und halb [...] des Dichters eigenes Portrait ist*. *Lenz* bleibt unvollendet. Sie wird erstmals zwei Jahre nach Büchners Tod publiziert, und es bedarf noch der Jahrzehnte und weiterer Veröffentlichungen, bis ihr literarischer Stellenwert erkannt wird.

Das Jahr 1836 ist wieder ein schaffensreiches Jahr. Das Lustspiel *Leonce und Lena* entsteht als Folge eines Preisausschreibens, das der Cotta-Verlag veranstaltet und mit 300 Gulden dotiert. Thematische Anklänge an *Woyzeck* sind in dem Lustspiel zu finden, die ‚Langeweile' ist Thema in Gestalt des Feudalherren Leonce, der ‚freie Wille' und auch die ‚Moral', über die sich König Peter vom Reiche Popo so seine Gedanken macht, sind – wie im *Woyzeck* – gleichermaßen thematisiert. Büchner verpasst den Einsendeschluss und das Manuskript kehrt ungelesen zurück. In der Folgezeit arbeitet er immer wieder daran. Etwa zur selben Zeit entsteht das Fragment bleibende Drama *Woyzeck*, das ihn bis zu seinem Tode beschäftigt. Ähnlich wie bei *Dantons Tod* und beim *Lenz* ist es wieder ein historischer Fall, der Büchner im *Woyzeck* interessiert und ihn, literarisch aufbereitet, Geschichte erzählen lässt. Den 1821 von Johann Christian Woyzeck an seiner Geliebten verübten Mord nimmt Büchner zum Anlass, um die gesellschaftliche Mitverantwortung an der menschlichen Tragödie zu diskutieren. Ungeklärt bleibt die Existenz des Dramas *Pietro Aretino*, das 1836 entstanden sein soll, aber als verschollen gilt.

Büchner zieht aus beruflichen Gründen im Oktober nach Zürich, wo er an der hiesigen Universität einen Monat zuvor zum Dr. phil. promoviert wurde. Die Promotion hat zum Thema Das ‚Nervensystem der Barbe (Fische)'. Eine Probevorlesung zum gleichen Thema *(Über Schädelnerven)* an der Universität Zürich führt zur Berufung zum Privatdozenten.

Büchners Wohnhaus in Zürich

Der frühe Tod

Büchners Arbeits- u. Sterbezimmer

Berichte über eine Krankheit, die in Briefen an Minna Jaeglé aus dem Januar 1837 als Erkältung deklariert wird, künden womöglich schon von der nahenden Typhuserkrankung, die am 2. Februar 1837 ausbricht und dann rasch zum Tode führt. Büchner stirbt mit 23 Jahren am 19. Februar 1837 und wird zwei Tage später unter großer Anteilnahme der Stadt- und Universitätshonoratoren auf dem Friedhof *Zum Krautgarten* in Zürich beerdigt. Wilhelmine Jaeglé, die Georg Büchner kurz vor dessen Tod noch besucht und seiner Sterbestunde beiwohnt, nimmt an der Beerdigung nicht teil. Sie schreibt nach Darmstadt: *Mein Leben gleicht einem schwülen Sommertage! Morgens heitere angenehme Luft – in etlichen Stunden Sturm und Gewitter, zerknickte Blumen, zerschlagene Pflanzen. Meine Ansprüche auf Lebensglück, auf eine heitere Zukunft zu Grabe getragen, Alles, Alles verloren –*. Minna Jaeglé bleibt ihr Leben lang unverheiratet.

Zum Drama „Dantons Tod"

Büchner ist heute auf der Bühnenwelt einer der meistgespielten Autoren, was Kennzeichen dessen ist, dass Büchners Werk – obwohl nunmehr gemessen an seinem Alter – nicht in die Jahre gekommen ist und nach wie vor facettenreich die Gegenwart zu beschreiben versteht. *Büchners Modernität hat Tradition* (1987: 11), schreibt Hauschild und verweist darauf, dass schon Gutzkow 1837 in Büchner das *Kind der neuen Zeit* sah. Zeugnisse durch die Jahrzehnte hindurch bekunden immer wieder die Aktualität und weiter, dass wohl erst das Kunstverständnis einer späteren Zeit das Werk wirklich zu würdigen verstünde. Büchner spricht die scheinbar zeitlosen Probleme der Gesellschaft an, die in ihrer äußeren Ausgestaltung sich ändern mögen, vielleicht im Sinne der Worte von Georg Christoph Lichtenberg, ein mit spitzer Feder das 18. Jahrhundert begleitender Zeitgenosse, der sagt: *Ich kann freilich nicht sagen, ob es besser werden wird, wenn es anders wird; aber so viel kann ich sagen, es muss anders werden, wenn es gut werden soll.* Da Lichtenbergs Worte auf eine Utopie abheben, bleibt die Aktualität Büchners und die Auseinandersetzung mit *Woyzeck*, mit *Lenz*, mit *Leonce und Lena* und mit *Dantons Tod* auf Dauer erhalten.

Das vier Akte umfassende Drama *Dantons Tod* wird von Mitte Januar 1835 an verfasst. Die Niederschrift steht sehr wahrscheinlich im Zusammenhang mit der geplanten Flucht Büchners nach Frankreich, für die Büchner Geld benötigte. Von der Drucklegung erhoffte er sich das ersehnte Geld, das ihm weniger reichlich als erhofft tatsächlich von Gutzkow zugesandt wurde, ihn aber nicht mehr rechtzeitig erreichte, da er einen Tag zuvor flüchtete.

Büchners Verständnis zufolge ist der dramatische Dichter ein auf einer anderen Qualitätsstufe stehender Geschichtsschreiber. *Seine höchste Aufgabe ist es,* wie er an seine Eltern schreibt, *der Geschichte, wie sie sich wirklich begeben, so nahe als möglich zu kommen.* Er macht in dem gleichen Brief deutlich, dass die Welt zu zeigen ist, wie sie ist, und nicht, wie sie sein sollte. So wendet er sich vehement gegen die Dichter der Klassik und deren idealistisch verklärtes Denken.

Dantons Tod verarbeitet Szenen aus der französischen Revolution, beschreibt die Auseinandersetzung zwischen Robespierre und Danton. Das Drama setzt kurz nach der Hinrichtung der sogenannten „Hébertisten" (24.03.94) ein und endet mit der Hinrichtung Dantons am 05.04.94. Büchner zitiert z. T. fast wortgetreu aus den Vorlagen, die ihm zur Verfügung stehen. Als Hauptquelle dient Büchner die 10-bändige *Histoire de la Révolution française* von Adolphe Thiers, die er der Hofbibliothek zu Darmstadt entleiht. Aus dem elterlichen Bücherschrank zieht er darüber hinaus das 36-bändige Lexikon *Unsere Zeit* zu Rate. Auch wenn Büchner

keinerlei wirkliche Originalquellen benutzt hat, sondern die
Geschehnisse der Revolution allein durch die Brille der genannten Werke und Autoren gesehen und deren Sichtweise und deren Niederschriften zum Teil 1:1 übernommen
hat, so konnte Büchner insgesamt doch auf die theatralisch
anmutende Rhetorik mancher Revolutionäre bauen: „Danton und Desmoulins machten das Tribunal zum Theater.
Büchner brauchte kaum noch etwas hinzuzufügen. Auf die
Frage nach seinem Wohnort antwortete Danton geschichts-
bewusst, wie die Revolutionäre waren: ‚Meine Wohnung?
Bis jetzt rue Marat. Bald wird sie im Nichts sein. Und dann
im Pantheon der Geschichte.' Desmoulins antwortete auf
die Frage nach seinem Alter: ‚33 Jahre, das Alter des Sansculotten Jesus, als er starb. Das kritische Alter der Patrioten.' Und Danton dann zum Henker: ‚Du wirst meinen
Kopf dem Volke zeigen. Er ist es wert'" (Schulin [4]2004:
234).

Dantons Tod erscheint zunächst – von Gutzkow redigiert
und, wie später von diesem selbst eingestanden, verstüm-
melt – in der Zeitschrift *Phönix*. Im gleichen Jahr noch wird
das Drama auch als Buch verlegt. 1893 erst werden einige
lose Szenen aufgeführt, auf die eigentliche Uraufführung in
Berlin muss man noch bis zum Jahr 1902 warten. Neben
konservativer Kritik, die die mangelnde Form beklagen, findet das Werk in Kreisen der künstlerisch-philosophischen
Avantgarde große Anerkennung (vgl. Seidel 1998: 106). Mit
„der legendären Inszenierung durch Max Reinhardt am
Deutschen Theater Berlin (1916) war *Dantons Tod* dem klassischen Repertoire der deutschen Bühnen einverleibt"
(Goltschnigg 2004: 83). Nicht nur setzen sich bis in die
Gegenwart hinein Theaterinszenierungen von *Dantons Tod*
fort und liefern dabei unterschiedliche Deutungsperspekti-
ven, die durch ihre unterschiedliche Haltung zu Danton und
zu Robespierre gekennzeichnet sind, auch „in Film, Fernse-
hen und Hörfunk" und „vor allem auch in der Musik" findet
„Dantons Tod" eine rege Aufnahme und variantenreiche
Bearbeitung (Goltschnigg 2004: 84).

Lebenslauf im Überblick (17.10.1813 – 19.02.1837)

Lebensdaten von Georg Büchner	Historische Daten
➜ 1813 17. OKTOBER: Georg Büchner wird in Goddelau/ Darmstadt geboren.	**➜ 1813** Napoleons Niederlage in der Völkerschlacht bei Leipzig (16.–19. Oktober 1813) **➜ 1814/15** Napoleon erhält 1814 die Insel Elba als Fürstentum zugewiesen, Rückkehr von Napoleon im Frühjahr 1815, Niederlage bei Waterloo, Verbannung auf die Insel St. Helena Wiener Kongress – Neuordnung Europas, Zeit der Restauration, Deutscher Bund
➜ 1816 Familie zieht infolge der Versetzung des Vaters nach Darmstadt	**➜ 1817** Wartburgfest **➜ 1819** Karlsbader Beschlüsse – Pressezensur, Demagogenverfolgung u. a.
➜ 1822 Schüler der privaten Erziehungs- und Unterrichtsanstalt des Theologen Carl Weitershausen **➜ 1825** Eintritt in das Humanistische Gymnasium in Darmstadt	

Lebensdaten von Georg Büchner	Historische Daten
	➜ **1830** Julirevolution in Frankreich
➜ **1831** MÄRZ: Abschluss der Gymnasialzeit NOVEMBER: Aufnahme des Medizinstudiums in Straßburg	➜ **1830/31** Polnischer Aufstand
➜ **1832** MÄRZ: Heimliche Verlobung mit Wilhelmine (Minna) Jaeglé, Tochter seines Vermieters und entfernten Verwandten in Straßburg. MAI: Vortrag über deutsche politische Zustände und die Rohheit deutscher Studenten vor Mitgliedern der Studentenverbindung „Eugenia"	➜ **1832** Hambacher Fest – Massendemonstration
➜ **1833** OKTOBER: Wechsel Büchners zur Landes-Universität Gießen NOVEMBER: Leichte Hirnhautentzündung, über Weihnachten Rückkehr zu den Eltern nach Darmstadt	
➜ **1834** JANUAR: Büchner und Weidig nehmen Kontakt auf. JANUAR: Depressionen und allgemeine Lebenskrise, führt im März zum sogenannten Fatalismusbrief MÄRZ: Gründung der *Gesellschaft für Menschenrechte* in Gießen	➜ **1834** Gründung des Deutschen Zollvereins

Lebensdaten von Georg Büchner	Historische Daten
APRIL: Gründung einer gleichnamigen Sektion in Darmstadt AUGUST: Veröffentlichung des *Hessischen Landboten*. Verrat durch Konrad Kuhl. Der Student Karl Minnigerode wird mit Exemplaren des *Hessischen Landboten* verhaftet SEPTEMBER: Offizielle Verlobung mit Minna Jaeglé in Darmstadt NOVEMBER: Neuauflage des *Hessischen Landboten*	

➜ **1835**

- *Dantons Tod,* Drama
- *Lenz* Novelle, bleibt Fragment

MÄRZ: G. Büchner flieht nach Straßburg
APRIL: Verhaftungswelle, der u. a. Weidig zum Opfer fällt
JUNI: G. Büchner wird steckbrieflich gesucht
OKTOBER: G. Büchner übersetzt Victor Hugos Dramen *Lucrèce Borgia* und *Marie Tudor*

➜ **1836**

- *Leonce und Lena*, Komödie
- *Woyzeck*, Drama, bleibt Fragment

APRIL/MAI: Vortrag in Straßburg über das Nervensystem der Barben
SEPTEMBER: G. Büchner wird in Zürich promoviert zum Dr. phil. mit dem Thema: Das ‚Nervensystem der Barbe (Fische)'
OKTOBER: Umzug nach Zürich

Lebensdaten von Georg Büchner	Historische Daten
NOVEMBER: Probevorlesung: *Über Schädelnerven*. Aufnahme einer Privatdozentur an der Züricher Universität. ➜ **1837** 2. FEBRUAR: Erkrankung an Typhus 19. FEBRUAR: Büchner verstirbt. Zwei Tage später – unter großer Anteilnahme – Beerdigung in Zürich	

3. Schriftzeugnisse

Die politisch motivierten Gedanken, die in Büchners schmalem Werk verarbeitet werden, finden sich auch in den Briefen wieder. Deutlich wird in ihnen Büchners Menschenbild, und deutlich wird ein zorniger junger Mann mit einem grundsätzlichen Bekenntnis zur Gewalt und zum Aufruhr, das sich aus den gegebenen Herrschaftsverhältnissen ableitet. In der Gegenwart könnte man sich ihn gut als Student der 60er-Jahre vorstellen, als eine revoltierende Jugend gegen verkrustete gesellschaftliche Strukturen ankämpfte und der Väter-Generation unbequeme Fragen bzgl. ihrer Vergangenheit im Nationalsozialismus stellte. Erich Fried mutmaßt gar mit Blick auf die Briefe und den Hessischen Landboten bei der Verleihung des Georg-Büchner-Preises an ihn: „Es ist wahrscheinlich, dass dieser Zwanzigjährige sich in unserer Zeit zur ersten Generation der Baader-Meinhof-Gruppe geschlagen hätte". Neben den politischen Motiven, über die die Briefe Zeugnis geben, bieten diese auch Anhaltspunkte zu Büchners künstlerischen Ansichten.

Briefe

An die Familie

Straßburg, den 5. April 1833.

Heute erhielt ich Euren Brief mit den Erzählungen aus Frankfurt. Meine Meinung ist die: Wenn in unserer Zeit etwas helfen soll, so ist es Gewalt. Wir wissen, was wir von unseren Fürsten zu erwarten haben. Alles, was sie bewilligten, wurde ihnen durch die Notwendigkeit abgezwungen. Und selbst das Bewilligte wurde uns hingeworfen, wie eine erbettelte Gnade und ein elendes Kinderspielzeug, um dem ewigen Maulaffen Volk seine zu eng geschnürte Wickelschnur vergessen zu machen. Es ist eine blecherne Flinte und ein hölzerner Säbel, womit nur ein Deutscher die Abgeschmacktheit begehen konnte, Soldatchens zu spielen. Unsere Landstände sind eine Satire auf die gesunde Vernunft, wir können noch ein Säkulum[1] damit herumziehen, und wenn wir die Resultate dann zusammennehmen, so hat das Volk

---
[1] Jahrhundert

die schönen Reden seiner Vertreter noch immer teurer bezahlt als der römische Kaiser, der seinem Hofpoeten für zwei gebrochene Verse 20,000 Gulden geben ließ. Man wirft den jungen Leuten den Gebrauch der Gewalt vor. Sind wir denn aber nicht in einem ewigen Gewaltzustand? Weil wir im Kerker geboren und großgezogen sind, merken wir nicht mehr, dass wir im Loch stecken mit angeschmiedeten Händen und Füßen und einem Knebel im Munde. Was nennt Ihr denn *gesetzlichen Zustand? Ein Gesetz*, das die große Masse der Staatsbürger zum fronenden Vieh macht, um die unnatürlichen Bedürfnisse einer unbedeutenden und verdorbenen Minderzahl zu befriedigen? Und dies Gesetz, unterstützt durch eine rohe Militärgewalt und durch die dumme Pfiffigkeit seiner Agenten, dies Gesetz ist eine ewige, rohe *Gewalt*, angetan dem Recht und der gesunden Vernunft, und ich werde mit *Mund* und *Hand* dagegen kämpfen, wo ich kann. [...]

An die Familie
                       Gießen, im Februar 1834.
[...] *Ich verachte Niemanden*, am wenigsten wegen seines Verstandes oder seiner Bildung, weil es in Niemands Gewalt liegt, kein Dummkopf oder kein Verbrecher zu werden, – weil wir durch gleiche Umstände wohl Alle gleich würden, und weil die Umstände außer uns liegen. Der *Verstand* nun gar ist nur eine sehr geringe Seite unsers geistigen Wesens und die Bildung nur eine sehr zufällige Form desselben. Wer mir eine solche Verachtung vorwirft, behauptet, dass ich einen Menschen mit Füßen träte, weil er einen schlechten Rock anhätte. Es heißt dies, eine Rohheit, die man Einem im Körperlichen nimmer zutrauen würde, ins Geistige übertragen, wo sie noch gemeiner ist. Ich kann Jemanden einen Dummkopf nennen, ohne ihn deshalb zu *verachten*; die Dummheit gehört zu den allgemeinen Eigenschaften der menschlichen Dinge; für ihre Existenz kann ich nichts, es kann mir aber Niemand wehren, Alles, was existirt, bei seinem Namen zu nennen, und dem, was mir unangenehm ist, aus dem Wege zu gehn. Jemanden kränken ist eine Grausamkeit, ihn aber zu suchen oder zu meiden, bleibt meinem Gutdünken überlassen. [...] Man nennt mich einen

Spötter. Es ist wahr, ich lache oft, aber ich lache nicht darüber, *wie* jemand ein Mensch, sondern nur darüber, *dass* er ein Mensch ist, wofür er ohnehin nichts kann, und lache dabei über mich selbst, der ich sein Schicksal teile. [...] Der
5 Hass ist so gut erlaubt als die Liebe, und ich hege ihn im vollsten Maße gegen die, *welche verachten*. Es ist deren eine große Zahl, die im Besitze einer lächerlichen Äußerlichkeit, die man Bildung, oder eines toten Krams, den man Gelehrsamkeit heißt, die große Masse ihrer Brüder ihrem verach-
10 tenden Egoismus opfern. Der Aristokratismus ist die schändlichste Verachtung des heiligen Geistes im Menschen; gegen ihn kehre ich seine eigenen Waffen; Hochmut gegen Hochmut, Spott gegen Spott. [...]

An die Braut
15 [Gießen, nach dem 10. März 1834.]
[...] Ich studierte die Geschichte der Revolution. Ich fühlte mich wie zernichtet unter dem grässlichen Fatalismus der Geschichte. Ich finde in der Menschennatur eine entsetzliche Gleichheit, in den menschlichen Verhältnissen eine unab-
20 wendbare Gewalt, Allen und Keinem verliehen. Der Einzelne nur Schaum auf der Welle, die Größe ein bloßer Zufall, die Herrschaft des Genies ein Puppenspiel, ein lächerliches Ringen gegen ein ehernes Gesetz, es zu erkennen das Höchste, es zu beherrschen unmöglich. Es fällt mir nicht
25 mehr ein, vor den Paradegäulen und Eckstehern der Geschichte mich zu bücken. Ich gewöhnte mein Auge ans Blut. Aber ich bin kein Guillotinenmesser. Das *muss* ist eins von den Verdammungsworten, womit der Mensch getauft worden. Der Ausspruch: es muss ja Ärgernis kommen, aber
30 wehe dem, durch den es kommt, – ist schauderhaft. Was ist das, was in uns lügt, mordet, stiehlt? Ich mag dem Gedanken nicht weiter nachgehen. Könnte ich aber dies kalte und gemarterte Herz an deine Brust legen! B. wird dich über mein Befinden beruhigt haben, ich schrieb ihm. Ich verwün-
35 sche meine Gesundheit. Ich glühte, das Fieber bedeckte mich mit Küssen und umschlang mich wie der Arm der Geliebten. Die Finsternis wogte über mir, mein Herz schwoll in unendlicher Sehnsucht, es drangen Sterne durch das Dunkel, und Hände und Lippen bückten sich nieder. Und jetzt? Und

sonst? Ich habe nicht einmal die Wollust des Schmerzes und des Sehnens. Seit ich über die Rheinbrücke ging, bin ich wie in mir vernichtet, ein einzelnes Gefühl taucht nicht in mir auf. Ich bin ein Automat; die Seele ist mir genommen. Ostern ist noch mein einziger Trost; ich habe Verwandte bei Landau, ihre Einladung und die Erlaubnis, sie zu besuchen. Ich habe die Reise schon tausendmal gemacht und werde nicht müde. – Du frägst mich: sehnst du dich nach mir? Nennst du's Sehnen, wenn man nur in einem Punkt leben kann und wenn man davongerissen ist, und dann nur noch das Gefühl seines Elendes hat? Gib mir doch Antwort. Sind meine Lippen so kalt? [...]

An Gutzkow

[Straßburg]

[...] Die ganze Revolution hat sich schon in Liberale und Absolutisten geteilt und muss von der ungebildeten und armen Klasse aufgefressen werden; das Verhältnis zwischen Armen und Reichen ist das einzige revolutionäre Element in der Welt, der Hunger allein kann die Freiheitsgöttin und nur ein Moses, der uns die sieben ägyptischen Plagen auf den Hals schickte, könnte ein Messias werden. Mästen Sie die Bauern, und die Revolution bekommt die Apoplexie[1]. Ein *Huhn* im Topf eines jeden Bauern macht den gallischen Hahn verenden. [...]

An die Familie

Straßburg, 28. Juli 1835.

[...] Was übrigens die sogenannte Unsittlichkeit meines Buchs [Dantons Tod, Anm. N.S.] angeht, so habe ich Folgendes zu antworten: Der dramatische Dichter ist in meinen Augen nichts als ein Geschichtsschreiber, steht aber über Letzterem dadurch, dass er uns die Geschichte zum zweiten Mal erschafft und uns gleich unmittelbar, statt eine trockne Erzählung zu geben, in das Leben einer Zeit hineinversetzt, uns statt Charakteristiken Charaktere und statt Beschreibungen Gestalten gibt. Seine höchste Aufgabe ist, der Geschichte, wie sie sich wirklich begeben, so nahe als möglich zu kommen. Sein Buch darf weder sittlicher noch unsitt-

---
[1] Schlaganfall

licher sein als die Geschichte selbst; aber die Geschichte ist vom lieben Herrgott nicht zu einer Lektüre für junge Frauenzimmer geschaffen worden, und da ist es mir auch nicht übel zu nehmen, wenn mein Drama ebenso wenig dazu geeignet ist. Ich kann doch aus einem Danton und den Banditen der Revolution nicht Tugendhelden machen! Wenn ich ihre Liederlichkeit schildern wollte, so musste ich sie eben liederlich sein, wenn ich ihre Gottlosigkeit zeigen wollte, so musste ich sie eben wie Atheisten sprechen lassen. Wenn einige unanständige Ausdrücke vorkommen, so denke man an die weltbekannte, obszöne Sprache der damaligen Zeit, wovon das, was ich meine Leute sagen lasse, nur ein schwacher Abriss ist. Man könnte mir nur noch vorwerfen, dass ich einen solchen Stoff gewählt hätte. Aber der Einwurf ist längst widerlegt. Wollte man ihn gelten lassen, so müssten die größten Meisterwerke der Poesie verworfen werden. Der Dichter ist kein Lehrer der Moral, er erfindet und schafft Gestalten, er macht vergangene Zeiten wieder aufleben, und die Leute mögen dann daraus lernen, so gut, wie aus dem Studium der Geschichte und der Beobachtung dessen, was im menschlichen Leben um sie herum vorgeht. Wenn man so wollte, dürfte man keine Geschichte studieren, weil sehr viele unmoralische Dinge darin erzählt werden, müsste mit verbundenen Augen über die Gasse gehen, weil man sonst Unanständigkeiten sehen könnte, und müsste über einen Gott Zeter schreien, der eine Welt erschaffen, worauf so viele Liederlichkeiten vorfallen. Wenn man mir übrigens noch sagen wollte, der Dichter müsse die Welt nicht zeigen, wie sie ist, sondern wie sie sein solle, so antworte ich, dass ich es nicht besser machen will, als der liebe Gott, der die Welt gewiss gemacht hat, wie sie sein soll. Was noch die sogenannten Idealdichter anbetrifft, so finde ich, dass sie fast nichts als Marionetten mit himmelblauen Nasen und affektiertem Pathos, aber nicht Menschen von Fleisch und Blut gegeben haben, deren Leid und Freude mich mitempfinden macht und deren Tun und Handeln mir Abscheu oder Bewunderung einflößt. Mit einem Wort, ich halte viel auf Goethe oder Shakespeare, aber sehr wenig auf Schiller. [...]

An Gutzkow
Straßburg. [1836]
[...] Übrigens, um aufrichtig zu sein, Sie und Ihre Freunde scheinen mir nicht gerade den klügsten Weg gegangen zu sein. Die Gesellschaft mittelst der *Idee*, von der *gebildeten Klasse* aus reformieren? Unmöglich! Unsere Zeit ist rein *materiell*, wären Sie je direkter politisch zu Werk gegangen, so wären Sie bald auf den Punkt gekommen, wo die Reform von selbst aufgehört hätte. Sie werden nie über den Riss zwischen der gebildeten und ungebildeten Gesellschaft hinauskommen.
Ich habe mich überzeugt, die gebildete und wohlhabende Minorität, soviel Konzessionen sie auch von der Gewalt für sich begehrt, wird nie ihr spitzes Verhältnis zur großen Klasse aufgeben wollen. Und die große Klasse selbst? Für die gibt es nur zwei Hebel, materielles Elend und *religiöser Fanatismus*. Jede Partei, welche diese Hebel anzusetzen versteht, wird siegen. Unsre Zeit braucht Eisen und Brot – und dann ein Kreuz oder sonst so was. Ich glaube, man muss in sozialen Dingen von einem absoluten Rechtsgrundsatz ausgehen, die Bildung eines neuen geistigen Lebens im Volk suchen und die abgelebte moderne Gesellschaft zum Teufel gehen lassen. Zu was soll ein Ding wie diese zwischen Himmel und Erde herumlaufen? Das ganze Leben derselben besteht nur in Versuchen, sich die entsetzlichste Langeweile zu vertreiben. Sie mag aussterben, das ist das einzig Neue, was sie noch erleben kann. [...]

Georg Büchner/Ludwig Weidig: Der Hessische Landbote

Büchner zeigte sich nicht nur in seinem schmalen Werk gesellschaftspolitisch interessiert, sondern er war darüber hinaus auch aktiv politisch engagiert. Ein Resultat dieser Aktivität ist die politische Flugschrift „Der Hessische Landbote", die ihn zu einem steckbrieflich Verfolgten machte. Er entzog sich der Verhaftung durch Flucht. Ludwig Weidig, der an der Abfassung des Flugschrift beteiligt war, starb nach zweijähriger Untersuchungshaft 1837 nach qualvollen Verhören, die vom Untersuchungsrichter Georgi durchgeführt wurden.

Erste Botschaft
Vorbericht   **Darmstadt, im Juli 1834.**
Dieses Blatt soll dem hessischen Lande die Wahrheit melden, aber wer die Wahrheit sagt, wird gehenkt, ja sogar der, welcher die Wahrheit liest, wird durch meineidige Richter vielleicht gestraft. Darum haben die, welchen dies Blatt zukommt, Folgendes zu beobachten:

1. Sie müssen das Blatt sorgfältig außerhalb ihres Hauses vor der Polizei verwahren;

2. sie dürfen es nur an treue Freunde mittheilen;

3. denen, welchen sie nicht trauen, wie sich selbst, dürfen sie es nur heimlich hinlegen;

4. würde das Blatt dennoch bei Einem gefunden, der es gelesen hat, so muß er gestehen, daß er es eben dem Kreisrat habe bringen wollen;

6. wer das Blatt nicht gelesen hat, wenn man es bei ihm findet, der ist natürlich ohne Schuld.

Friede den Hütten! Krieg den Palästen!
Im Jahr 1834 siehet es aus, als würde die Bibel Lügen gestraft. Es sieht aus, als hätte Gott die Bauern und Handwerker am 5ten Tage, und die Fürsten und Vornehmen am 6ten gemacht, und als hätte der Herr zu diesen gesagt: ‚Herrschet über alles Getier, das auf Erden kriecht', und hätte die Bauern und Bürger zum Gewürm gezählt. Das Leben der Vornehmen ist ein langer Sonntag, sie wohnen in schönen Häusern, sie tragen zierliche Kleider, sie haben feiste Gesichter und reden eine eigne Sprache; das Volk aber liegt vor ihnen wie Dünger auf dem Acker. Der Bauer geht hinter dem Pflug, der Vornehme aber geht hinter ihm und dem Pflug und treibt ihn mit den Ochsen am Pflug, er nimmt das Korn und läßt ihm die Stoppeln. Das Leben des Bauern ist ein langer Werktag; Fremde verzehren seine Äcker vor seinen Augen, sein Leib ist eine Schwiele, sein Schweiß ist das Salz auf dem Tische des Vornehmen.
Im Großherzogthum Hessen sind 718 373 Einwohner, die geben an den Staat jährlich an 6 363 364 Gulden, als

1. Direkte Steuern   2 128 131 fl.
2. Indirekte Steuern   2 478 264 fl.
3. Domänen[1]   1 547 394 fl.
4. Regalien[2]   46 938 fl.
5. Geldstrafen   98 511 fl.
6. Verschiedene Quellen   64 198 fl.
                          6 363 363 fl. (sic)

Dies Geld ist der Blutzehnte, der vom Leib des Volkes genommen wird. An 700 000 Menschen schwitzen, stöhnen und hungern dafür. Im Namen des Staates wird es erpreßt, die Presser berufen sich auf die Regierung und die Regierung sagt, das sey nöthig die Ordnung im Staat zu erhalten. Was ist denn nun das für gewaltiges Ding: der Staat? Wohnt eine Anzahl Menschen in einem Land und es sind Verordnungen oder Gesetze vorhanden, nach denen jeder sich richten muß, so sagt man, sie bilden einen Staat. Der Staat also sind Alle; die Ordner im Staate sind die Gesetze, durch welche das Wohl Aller gesichert wird, und die aus dem Wohl Aller hervorgehen sollen. – Seht nun, was man in dem Großherzogthum aus dem Staat gemacht hat; seht, was es heißt: die Ordnung im Staate erhalten! 700 000 Menschen bezahlen dafür 6 Millionen, d. h. sie werden zu Ackergäulen und Pflugstieren gemacht, damit sie in Ordnung leben. In Ordnung leben heißt hungern und geschunden werden.

Wer sind denn die, welche diese Ordnung gemacht haben, und die wachen, diese Ordnung zu erhalten? Das ist die Großherzogliche Regierung. Die Regierung wird gebildet von dem Großherzog und seinen obersten Beamten. Die andern Beamten sind Männer, die von der Regierung berufen werden, um jene Ordnung in Kraft zu erhalten. Ihre Anzahl ist Legion: Staatsräthe und Regierungsräthe, Landräthe und Kreisräthe, Geistliche Räthe und Schulräthe, Finanzräthe und Forsträthe usw. mit allem ihrem Heer von Sekretären usw. Das Volk ist ihre Heerde, sie sind seine Hirten, Melker und Schinder; sie haben die Häute der Bauern an, der Raub der Armen ist in ihrem Hause; die Thränen

---
[1] Pacht für Staatsgüter
[2] Einkünfte aus Leistungen, die in der Staatshoheit liegen

Der Hessische Landbote.

Erste Botschaft.

Darmstadt, im Juli 1834.

Vorbericht.

Dieses Blatt soll dem hessischen Lande die Wahrheit melden, aber wer die Wahrheit sagt, wird gehenkt, ja sogar der, welcher die Wahrheit liest, wird durch meineidige Richter vielleicht ge aft. Darum haben die, welchen dies Blatt zukommt, folgendes zu beobachten:
1) Sie müssen das Blatt sorg' ltig außerhalb ihres Hauses vorder Polizei verwahren;
2) sie dürfen es nur an treue Freunde mittheilen;
3) denen, welchen sie nicht trauen, wie sich selbst, dürfen sie es nur heimlich hinlegen;
4) würde das Blatt dennoch bei Einem gefunden, der es gelesen hat, so muß er gestehen, daß er es eben dem Kreisrath habe bringen wollen;
5) wer das Blatt nicht gelesen hat, wenn man es bei ihm fin det, der ist natürlich ohne Schuld.

Friede den Hütten! Krieg den Pallästen!

Im Jahr 1834 siehet es aus, als würde die Bibel Lügen gestraft. Es sieht aus, als hätte Gott die Bauern und Handwerker am 5ten Tage, und die Fürsten und Vornehmen am 6ten gemacht, und als hätte der Herr zu diesen gesagt: Herrschet über alles Gethier, das auf Erden kriecht, und hätte die Bauern und Bürger zum Gewürm gezählt. Das Leben der Vornehmen ist ein langer Sonntag, sie wohnen in schönen Häusern, sie tragen zierliche Kleider, sie haben feiste Gesichter und reden eine eigne Sprache; das Volk aber liegt vor ihnen wie Dünger auf dem Acker. Der Bauer geht hinter dem Pflug, der Vornehme aber geht hinter ihm und dem Pflug und treibt ihm mit den Ochsen am Pflug, er nimmt das Korn und läßt ihm die Stoppeln. Das Leben des Bauern ist ein langer Werktag; Fremde verzehren seine Aecker vor seinen Augen, sein Leib ist eine Schwiele, sein Schweiß ist das Salz auf dem Tische des Vornehmen.

Im Großherzogthum Hessen sind 718,373 Einwohner, die geben an den Staat jährlich an 6,363,364 Gulden, als

1) Direkte Steuern	2,128,131	fl.
2) Indirecte Steuern	2,478,264	„
3) Domänen	1,547,394	„
4) Regalien	46,938	„
5) Geldstrafen	98,511	„
6) Verschiedene Quellen	64,198	„
	6,363,363	fl.

Dies Geld ist der Blutzehnte, der von dem Leib des Volkes genommen wird. An 700,000 Menschen schwitzen, stöhnen und hungern dafür. Im Namen des Staates wird es erpreßt, die Presser berufen sich auf die Regierung und die Regierung sagt, das sey nöthig die Ordnung im Staat zu erhalten. Was ist denn nun das für gewaltiges Ding: der Staat? Wohnt eine Anzahl Menschen in einem Land und es sind Verordnungen oder Gesetze vorhanden, nach denen jeder sich richten muß, so sagt man, sie bilden einen Staat. Der Staat also sind Alle; die Ordner im Staate sind die Gesetze, durch welche das Wohl Aller gesichert wird, und die aus dem Wohl Aller hervorgehen sollen. — Seht nun, was man in dem Großherzogthum aus dem Staat gemacht hat; seht was es heißt: die Ordnung im Staate erhalten!

der Wittwen und Waisen sind das Schmalz auf ihren Gesichtern; sie herrschen frei und ermahnen das Volk zur Knechtschaft. Ihnen gebt ihr 6 000 000 fl. Abgaben; sie haben

dafür die Mühe, euch zu regieren; d. h. sich von euch füttern zu lassen und euch eure Menschen- und Bürgerrechte zu rauben. Sehet, was die Ernte eures Schweißes ist.
Für das Ministerium des Innern und der Gerechtigkeitspflege werden bezahlt 1 110 607 Gulden. Dafür habt ihr einen Wust von Gesetzen, zusammengehäuft aus willkürlichen Verordnungen aller Jahrhunderte, meist geschrieben in einer fremden Sprache. Der Unsinn aller vorigen Geschlechter hat sich darin auf euch vererbt, der Druck, unter dem sie erlagen, sich auf euch fortgewälzt. Das Gesetz ist das Eigenthum einer unbedeutenden Klasse von Vornehmen und Gelehrten, die sich durch ihr eignes Machwerk die Herrschaft zuspricht. Diese Gerechtigkeit ist nur ein Mittel, euch in Ordnung zu halten, damit man euch bequemer schinde; sie spricht nach Gesetzen, die ihr nicht versteht, nach Grundsätzen, von denen ihr nichts wißt, Urtheile, von denen ihr nichts begreift. [...] Die Justiz ist in Deutschland seit Jahrhunderten die Hure der deutschen Fürsten. Jeden Schritt zu ihr müßt ihr mit Silber pflastern, und mit Armuth und Erniedrigung erkauft ihr ihre Sprüche. Denkt an das Stempelpapier, denkt an euer Bücken in den Amtsstuben und euer Wachestehen vor denselben. Denkt an die Sporteln[1] für Schreiber und Gerichtsdiener. Ihr dürft euern Nachbar verklagen, der euch eine Kartoffel stiehlt; aber klagt einmal über den Diebstahl, der von Staatswegen unter dem Namen von Abgabe und Steuern jeden Tag an eurem Eigenthum begangen wird, damit eine Legion unnützer Beamten sich von eurem Schweiße mästen: klagt einmal, daß ihr der Willkühr einiger Fettwänste überlassen seyd und daß diese Willkühr Gesetz heißt, klagt, daß ihr die Ackergäule des Staates seyd, klagt über eure verlorne Menschenrechte: Wo sind die Gerichtshöfe, die eure Klage annehmen, wo die Richter, die rechtsprächen? [...]
Und will endlich ein Richter oder ein andrer Beamte von den Wenigen, welchen das Recht und das gemeine Wohl lieber ist als ihr Bauch und der Mamon, ein Volksrath und kein Volksschinder seyn, so wird er von den obersten Räthen des Fürsten selber geschunden.

---

[1] in Gebühren erhobene Staatsdienereinkünfte

Für das Ministerium der Finanzen 1 551 502fl.
Damit werden die Finanzräthe, Obereinnehmer, Steuerboten, die Untererheber besoldet. Dafür wird der Ertrag eurer Äcker berechnet und eure Köpfe gezählt. Der Boden unter
euren Füßen, der Bissen zwischen euren Zähnen ist besteuert. Dafür sitzen die Herren in Fräcken beisammen und das Volk steht nackt und gebückt vor ihnen; sie legen die Hände an seine Lenden und Schultern und rechnen aus, wie viel es noch tragen kann, und wenn sie barmherzig sind, so geschieht es nur, wie man ein Vieh schont, das man nicht so sehr angreifen will. [...]
In Deutschland stehet es jetzt, wie der Prophet Micha schreibt, Cap. 7., V.3 und 4: ‚Die Gewaltigen rathen nach ihrem Muthwillen, Schaden zu thun, und drehen es, wie sie es wollen. [...]
Im Jahr 1789 war das Volk in Frankreich müde, länger die Schindmähre seines Königs zu seyn. Es erhob sich und berief Männer, denen es vertraute, und die Männer traten zusammen und sagten, ein König sey ein Mensch wie ein anderer auch, er sey nur der erste Diener im Staat, er müsse sich
vor dem Volk verantworten und wenn er sein Amt schlecht verwalte, könne er zur Strafe gezogen werden. Dann erklärten sie die Rechte des Menschen: ‚Keiner erbt vor dem andern mit der Geburt ein Recht vor einen Titel, keiner erwirbt mit dem Eigentum ein Recht vor dem andern. Die höchste Gewalt ist in dem Willen Aller oder der Mehrzahl. Dieser Wille ist das Gesetz, er thut sich kund durch die Landstände oder die Vertreter des Volks, sie werden von Allen gewählt und Jeder kann gewählt werden; diese Gewählten sprechen den Willen ihrer Wähler aus, und so
entspricht der Wille der Mehrzahl unter ihnen dem Willen der Mehrzahl unter dem Volke; der König hat nur für die Ausübung der von ihnen erlassenen Gesetze zu sorgen.‘ Der König schwur dieser Verfassung treu zu seyn, er wurde aber meineidig an dem Volke, und das Volk richtete ihn, wie es einem Verräter geziemt. Dann schafften die Franzosen die erbliche Königswürde ab und wählten frei eine neue Obrigkeit, wozu jedes Volk nach der Vernunft und der heiligen Schrift das Recht hat. Die Männer, die über die Vollziehung der Gesetze wachen sollten, wurden von der Versammlung der Volksvertreter ernannt, sie bildeten die neue Obrigkeit.

So waren Regierung und Gesetzgeber vom Volk gewählt und Frankreich war ein Freistaat.
Die übrigen Könige aber entsetzten sich vor der Gewalt des französischen Volkes, sie dachten, sie könnten alle über der ersten Königsleiche den Hals brechen und ihre mißhandelten Untertanen möchten bei dem Freiheitsruf der Franken erwachen. Mit gewaltigem Kriegsgerät und reisigem Zeug stürzten sie von allen Seiten auf Frankreich und ein großer Theil der Adligen und Vornehmen im Lande stand auf und schlug sich zu dem Feind. Da ergrimmte das Volk und erhob sich in seiner Kraft. Es erdrückte die Verräter und zerschmetterte die Söldner der Könige. Die junge Freiheit wuchs im Blut der Tyrannen und vor ihrer Stimme bebten die Throne und jauchzten die Völker. Aber die Franzosen verkauften selbst ihre junge Freiheit für den Ruhm, der ihnen Napoleon darbot, und erhoben ihn auf den Kaiserthron. [...]
[...] [D]ie unterdrückten deutschen Länder richteten sich zum Kampf für die Freiheit. Da rathschlagten die Fürsten, wie sie dem Grimm des Volkes entgehen sollten und die listigen unter ihnen sagten: Laßt uns einen Teil unserer Gewalt abgeben, daß wir das Übrige behalten. [...] Und zitternd vor Furcht warfen sie einige Brocken hin und sprachen von ihrer Gnade. Das Volk traute ihnen leider und legte sich zur Ruhe.
– Und so ward Deutschland betrogen wie Frankreich.
Denn was sind diese Verfassungen in Deutschland? Nichts als leeres Stroh, woraus die Fürsten die Körner für sich herausgeklopft haben. Was sind unsere Landtage? Nichts als langsame Fuhrwerke, die man einmal oder zweimal wohl der Raubgier der Fürsten und ihrer Minister in den Weg schieben, woraus man aber nimmermehr eine feste Burg für deutsche Freiheit bauen kann. Was sind unsere Wahlgesetze? Nichts als Verletzungen der Bürger- und Menschenrechte der meisten Deutschen. Denkt an das Wahlgesetz im Großherzogthum, wornach keiner gewählt werden kann, der nicht hoch begütert ist, wie rechtschaffen und gutgesinnt er auch sey, wohl aber der Grolmann[1], der euch um die zwei Millionen bestehlen wollte. Denkt an die Verfassung des Großherzogthums. – Nach den Artikeln

---

[1] Abgeordneter zur Zeit Büchners, der die Schulden des Großherzogs von der Staatskasse begleichen lassen wollte.

derselben ist der Großherzog unverletzlich, heilig und unverantwortlich. Seine Würde ist erblich in seiner Familie, er hat das Recht, Krieg zu führen, und ausschließliche Verfügung über das Militär. Er beruft die Landstände, vertagt sie oder löst sie auf. Die Stände dürfen keinen Gesetzes-Vorschlag machen, sondern sie müssen um das Gesetz bitten, und dem Gutdünken des Fürsten bleibt es unbedingt überlassen, es zu geben oder zu verweigern. Er bleibt im Besitz einer fast unumschränkten Gewalt, nur darf er keine neuen Gesetze machen und keine neuen Steuern ausschreiben ohne Zustimmung der Stände.
[...] Das ganze deutsche Volk muß sich die Freiheit erringen. Und diese Zeit, geliebte Mitbürger, ist nicht ferne. – Der Herr hat das schöne deutsche Land, das viele Jahrhunderte das herrlichste Reich der Erde war, in die Hände der fremden und einheimischen Schinder gegeben, weil das Herz des deutschen Volkes von der Freiheit und Gleichheit seiner Voreltern und von der Furcht des Herrn abgefallen war, weil ihr dem Götzendienste der vielen Herrlein, Kleinherzoge und Däumlings-Könige euch ergeben hattet.
Der Herr, der den Stecken des fremden Treibers Napoleon zerbrochen hat, wird auch die Götzenbilder unserer einheimischen Tyrannen zerbrechen durch die Hände des Volks. [...] Gott wird euch Kraft geben ihre Füße zu zerschmeißen, sobald ihr euch bekehret von dem Irrthum eures Wandels und die Wahrheit erkennet: daß nur Ein Gott ist und keine Götter neben ihm, die sich Hoheiten und Allerhöchste, heilig und unverantwortlich nennen lassen, daß Gott alle Menschen frei und gleich in ihren Rechten schuf und daß keine Obrigkeit von Gott zum Segen verordnet ist, als die, welche auf das Vertrauen des Volkes sich gründet und vom Volke ausdrücklich oder stillschweigend erwählt ist; [...]. [...]
Sehet an das von Gott gezeichnete Scheusal, den König Ludwig von Baiern, den Gotteslästerer, der redliche Männer vor seinem Bilde niederzuknieen zwingt und die, welche die Wahrheit bezeugen, durch meineidige Richter zum Kerker verurtheilen läßt; das Schwein, das sich in allen Lasterpfützen von Italien wälzte, den Wolf, der sich für seinen Baals[1]-Hof-

---

[1] Bezeichnung vieler syrisch-palästinensischer Götter. Hier Bezeichnung eines seminitischen Sturm- und Fruchtbarkeitgottes. Durch Menschenopfer versuchte man, Baal gnädig zu stimmen.

staat für immer jährlich fünf Millionen durch meineidige Landstände verwilligen läßt, und fragt dann: ‚Ist das eine Obrigkeit von Gott zum Segen verordnet?'
> Ha! du wärst Obrigkeit von Gott?
> Gott spendet Segen aus;
> Du raubst du schindest, kerkerst ein,
> Du nicht von Gott, Tyrann!

Ich sage euch: sein und seiner Mitfürsten Maas ist voll. Gott, der Deutschland um seiner Sünden willen geschlagen hat durch diese Fürsten, wird es wieder heilen. ‚Er wird die Hecken und Dörner niederreißen und auf einem Haufen verbrennen.' Jesaias 27,4. [...] Der Herr wird ihre Körper zerschmeißen, und in Deutschland wird dann Leben und Kraft als Segen der Freiheit wieder erblühen. [...] Aber wie der Prophet schreibet, so wird es bald stehen in Deutschland: der Tag der Auferstehung wird nicht säumen. In dem Leichenfelde wird sich's regen und wird rauschen, und der Neubelebten wird ein großes Heer seyn.
Hebt die Augen auf und zählt das Häuflein eurer Presser, die nur stark sind durch das Blut, das sie euch aussaugen, und durch eure Arme, die ihr ihnen willenlos leihet. Ihrer sind vielleicht 10 000 im Großherzogthum und Eurer sind es 700 000 und also verhält sich die Zahl des Volkes zu seinen Pressern auch im übrigen Deutschland. Wohl drohen sie mit dem Rüstzeug und den Reisigen[1] der Könige, aber ich sage euch: Wer das Schwert erhebt gegen das Volk, der wird durch das Schwert des Volkes umkommen. Deutschland ist jetzt ein Leichenfeld, bald wird es ein Paradies seyn. Das deutsche Volk ist *Ein* Leib, ihr seyd ein Glied dieses Leibes. Es ist einerlei, wo die Scheinleiche zu zucken anfängt. Wann der Herr euch seine Zeichen gibt durch die Männer, durch welche er die Völker aus der Dienstbarkeit zur Freiheit führt, dann erhebet euch, und der ganze Leib wird mit euch aufstehen. [...]
Ihr wühltet ein langes Leben die Erde auf, dann wühlt ihr euren Tyrannen ein Grab. Ihr bautet die Zwingburgen, dann stürzt ihr sie und bauet der Freiheit Haus. Dann könnt ihr eure Kinder frei taufen mit dem Wasser des Lebens. Und bis der Herr euch ruft durch seine Boten und Zeichen,

---
[1] Reitersoldaten

wachet und rüstet euch im Geiste und betet ihr selbst und lehrt eure Kinder beten: ‚Herr, zerbrich den Stecken unserer Treiber und laß dein Reich zu uns kommen, das Reich der Gerechtigkeit. Amen.'

Aus: Georg Büchner, Ludwig Weidig: Der Hessische Landbote. Texte, Briefe Prozessakten. Kommentiert von Hans Magnus Enzensberger. Frankfurt/M.: Insel Verlag 1974, S. 5–19

4. Unruhige Zeiten zu Lebzeiten Büchners: Historischer Hintergrund

Büchner lebte in einer politisch sehr bewegten Zeit. Gerade Hessen war bemüht, die Ideen der Französischen Revolution, die auch in Deutschland wirkten, durch die Umsetzung der Beschlüsse des Wiener Kongresses zurückzudrängen. Die zwei folgenden Texte skizzieren in dem einen Fall das Bild des in Kleinstaaten aufgesplitterten Deutschlands im Allgemeinen sowie in dem anderen Fall die gesellschaftspolitische Großwetterlage im Großherzogtum Hessen im Speziellen.

Norbert Schläbitz: Vom Wiener Kongress bis zur Revolution im Vormärz

Die Friedensverhandlungen auf dem Wiener Kongress von 1814/15, die das Ende von Napoleons Herrschaft auch vertraglich besiegelten, zielten auf die *Restauration* vorrevolutionärer Verhältnisse. Diese Tendenz des *Vorwärts, es geht zurück*, verbunden mit den durch den Sieg über Napoleon bedingten Feierlichkeiten, ließen einen Kongressteilnehmer den bekannten Satz sagen: *Der Kongress tanzt* und ihn mit dem weniger bekannten schließen: *aber es geht nicht vorwärts.* Die alte Ordnung mit dem Führungsanspruch des Adels sollte wieder installiert werden. Ziel war es zudem, das politische Gleichgewicht zwischen den einzelnen Großmächten Russland, Frankreich, Österreich, Preußen und England wiederherzustellen. Frankreich wurde so auf die Grenzen von 1792 zurückgeführt. Im Zuge der Neuordnung Europas wurde – um ein anderes Beispiel zu nennen – Polen der Oberherrschaft Russlands zugeschlagen. Deutschland blieb ein Staatengebilde, bestehend aus 39 Kleinstaaten, die sich im *Deutschen Bund* locker verbunden zusammenfanden. Insgesamt waren die restaurativen Bestrebungen eine Absage an den Liberalismus, der die Rechte des Einzelnen vor der Willkür des Staates festzulegen und zu sichern suchte. Von der politischen Entwicklung des Stillstandes und Rückschrittes sahen sich viele Bürger enttäuscht und zogen die

Idylle des Privatraums dem Diskurs im öffentlichen Leben vor. Jene, die sich im kleinen privaten Glück einrichteten, weil ihnen der Glaube an das Große genommen war, belegte man mit dem Namen *Biedermeier*. Autoren wie *Eduard Mörike, Adalbert Stifter* oder auch *Annette von Droste-Hülshoff* sind hier einzuordnen. Gleichzeitig war es eine unruhige Zeit des Umbruchs, ausgehend von einem wachsenden Bildungsbewusstsein, das den Gedanken der freien Rede, des sozial gerechten Ausgleichs oder auch dem der Deutschen Einheit nach wie vor nachhing. Autoren des sogenannten *Jungen Deutschlands* wie die Literaten *Heinrich Heine, Karl Gutzkow, Ludwig Börne* gehörten auf der einen Seite genauso dazu wie auf der anderen Seite die studentischen *Burschenschaften* mit dem *Wartburgfest* von 1817, auf dem gegen die herrschenden Zustände protestiert wurde. 1819 wurden – nach dem politischen Mord an dem Dichter Kotzebue durch den Studenten Ludwig Sand – mit den *Karlsbader Beschlüssen* durch Metternich Gegenmaßnahmen ergriffen. Presse-Erzeugnisse bedurften nunmehr der Vorzensur, die Burschenschaften wurden verboten, verdächtige Studenten und Professoren der Universität verwiesen oder aus dem Lehrbetrieb entlassen. Die *Demagogenverfolgung* nahm ihren Lauf, in deren Verlauf jene Kräfte festgesetzt werden sollten, die der Deutschen Einheit das Wort redeten und damit nach damaligem Recht Hochverrat begingen.

1830 kam es zu den *Juliaufständen* in Paris, Ergebnis einer durch König Karl X. verschärften Pressezensur, eines eingeschränkten Wahlrechts und der durch ihn aufgelösten Abgeordnetenkammer. Diese Aufstände im Nachbarland führten auch in den deutschen Kleinstaaten zu Unruhen und – als Folge davon – vereinzelt auch zu Verfassungen, die sich durch mehr Liberalität auszeichnen sollten, dies aber in den wenigsten Fällen leisteten. 1832 kam es auf dem *Hambacher Fest* zu Massendemonstrationen, auf denen sich bis zu ca. 30000 Menschen zur nationalen Einheit bekannten und diese einforderten. 1848 war es wieder ein Ereignis, das von Frankreich auf Deutschland überschlug: die französische Februarrevolution, die einen Monat später in den südwestlichen deutschen Staaten den Einheitsgedanken neu entfachte. Die Beteiligung der liberalen Bewegung an den Regierungsgeschäften wurde mit den *Märzministerien* durchgesetzt und mündete am 03. März 1848 in die frei gewählte *Nationalversammlung.* Unterschiedliche politische und soziale Auffassungen zwischen Liberalen und Republikanern führten erst ein Jahr später zur Verfassung. Als Oberhaupt des Einheitsreiches sollte der preußische König in der Funktion des Kaisers dienen. Dieser wies das Ansinnen zurück. Als Konsequenz dieser Verweigerung scheiterten die Revolution und bis zum Jahr 1871 die Bemühungen zur nationalen Zusammenführung.

Hans Magnus Enzensberger:
Hessen im 19. Jahrhundert

Das Großherzogtum Hessen, ein Kleinstaat mit einer Fläche von etwa 8000 Quadratkilometern, der im heutigen Bundesland gleichen Namens beinah viermal Platz hätte, war in den Dreißigern des vorvergangenen Jahrhunderts ein reines Agrarland. Nur zwei Städte dieses Landes hatten mehr als zwanzigtausend Einwohner, nämlich Darmstadt und Mainz, und kaum jeder Siebente unter den 700 000 Bürgern lebte in der Stadt. Dennoch war das Großherzogtum dicht besiedelt; die Bevölkerung, die sich zwischen 1790 und 1850 verdoppelte, erreichte um das Jahr 1835 herum eine Dichte von hundert Personen pro Quadratkilometer. Die demographische[1] Explosion, eine Folge der sinkenden Sterblichkeit und der zunehmenden Lebenserwartung, hatte in Mitteleuropa begonnen. Der Zuwachs entfiel fast ganz und gar auf das flache Land; die Städte boten keine Arbeitsplätze für Neuankömmlinge; ihre Bevölkerung stagnierte.
Die ökonomischen Verhältnisse blieben hinter dieser Bevölkerungsbewegung zurück. Die landwirtschaftliche Produktion hielt an den hergebrachten, uralten Methoden fest. Die Masse der Kleinbauern war direkt oder indirekt von den Feudalherren abhängig. Erst 1820 war in Hessen die Leib-

---

[1] *Demographie:* wirtschaftliche, soziologische, politische Beschreibung der Bevölkerungsentwicklung. *Demographische Explosion* meint hier die Bevölkerungsexplosion.

eigenschaft aufgehoben worden; gleichzeitig wurde der Frondienst abgeschafft und durch ein direktes Steuersystem abgelöst – ein Vorgang, der erst gegen Ende der dreißiger Jahre abgeschlossen war. Das Handwerk, in mittelalterlichen
5 Zunftvorstellungen befangen, kam als Motor der wirtschaftlichen Entwicklung kaum in Betracht, solange seine traditionelle, ständische Ordnung unangefochten blieb. Erst um die Mitte des Jahrhunderts setzte sich das Prinzip der Gewerbefreiheit in den deutschen Ländern durch.
10 Der Prozeß der Industrialisierung hatte zu Büchners Zeiten kaum begonnen. [...] Die ersten, einfachen und wenig leistungsfähigen Dampfmaschinen tauchten in Hessen gegen Ende der 1820er-Jahre auf.
Was im modernen Jargon Infrastruktur heißt, war in einem
15 entmutigenden Zustand. Preußen baute, aus strategischen Gründen, sein Straßennetz aus; die Kleinstaaten waren dazu schon ihrer territorialen Zerrissenheit halber nicht imstande. Die erste deutsche Eisenbahn nahm 1835 den Betrieb auf, aber es dauerte siebzehn Jahre, bis die Schienenverbin-
20 dung zwischen den beiden Hälften des Großherzogtums Hessen, also zwischen Darmstadt und Gießen, hergestellt war.
Der Spielraum des Handels war eingeschränkt durch die kameralistischen[1] Vorstellungen der hessischen Regierung,
25 durch Kapitalmangel und drückende Binnenzölle. Zwischen 1828 und 1834 waren immerhin, unter preußischem Druck, die ersten deutschen Zollvereine zustandegekommen.
Insgesamt war die ganze Wirtschaft des Landes also von der Landwirtschaft abhängig, die zwischen 1815 und 1830 kaum
30 einen Zuwachs der Produktion zu verzeichnen hatte; sie litt unter einer langanhaltenden Agrarkrise, verschuldet durch Mißernten und sinkende Getreidepreise, und verschärft durch die Nachwirkungen der Napoleonischen Kriege. Die überwiegende Mehrzahl der hessischen Bevölkerung be-
35 stand aus verarmten Handwerkern und Bauern. [...]
Die Lage in den deutschen Kleinstaaten hat Wilhelm Grimm in den dreißiger Jahren, aus gegebenem Anlaß, wie folgt

---

[1] staatswissenschaftlich, -wirtschaftlich, Kameralistik: veraltet: die Finanzwissenschaft

charakterisiert: „[...] Alle Stützen, auf welchen das Dasein eines Volkes beruht, Religiosität, Gerechtigkeit, Achtung vor der Sitte und dem Gesetz, waren umgestoßen oder gewaltsam erschüttert. Nur eins wurde festgehalten: Jeder Widerspruch gegen den geäußerten Willen, direkt oder indirekt ausgesprochen, sei ein Verbrechen."
Unter diesen Umständen wurde die sogenannte konstitutionelle Frage zum Angelpunkt aller bürgerlichen Opposition. Schon während der „Befreiungskriege", die ihren Namen einem Betrugsmanöver verdanken, hatten die deutschen Fürsten, bedroht von den napoleonischen Heeren, ihren Untertanen eine „Nationalrepräsentation" in Aussicht gestellt. Dementsprechend verkündete der Artikel 13 der Deutschen Bundesakte von 1815: „In allen Bundesstaaten wird eine landständische Verfassung stattfinden." Die Fürsten verfuhren mit dieser Bestimmung nach ihrem Belieben. Der preußische König hat sein Versprechen immer wieder gebrochen; das Land blieb bis 1847 eine absolute Monarchie; das allgemeine Wahlrecht wurde in Preußen erst 1917 eingeführt. Ähnlich verhielt sich der Kaiser von Österreich. In Süddeutschland kam es dagegen zu konstitutionellen Reformen. Die erste hessische Verfassung, 1820 erlassen, sah ein Parlament mit zwei Kammern vor; im Oberhaus saßen die Standesherren neben Mitgliedern, die der Großherzog auf Lebenszeit ernannte. Die Abgeordneten-Kammer hingegen war, theoretisch, die Vertretung des Volkes. Die Delegierten wurden aber nicht direkt, sondern mittelbar gewählt. Dabei wurden die Wählerstimmen dreimal gefiltert. Die Bürger durften für jeden Wahlbezirk Bevollmächtigte wählen; diese wiederum hatten die Wahlmänner zu bestimmen. Als Wahlmann war nur zugelassen, wer wenigstens dreißig Jahre alt war und wer zu den sechzig Höchstbesteuerten seines Bezirkes gehörte. Diese Wahlmänner hatten ihrerseits die Abgeordneten zu wählen, deren Kreis noch weit enger gezogen war: zur Kammer hatte nur Zutritt, wer mindestens hundert Gulden jährlich an direkten Steuern bezahlte oder aber mehr als tausend Gulden jährlich als Beamtengehalt bezog. (Zwei Drittel aller Abgeordneten der ersten hessischen Landstände waren infolgedessen hohe Regierungsbeamte.) Übrigens waren die Kompetenzen dieses Parlaments

äußerst beschränkt; es hatte zwar das Recht, Steuern zu bewilligen, nicht aber, sie zu verweigern. Im übrigen gab die hessische Verfassung den Untertanen kaum eindeutige Garantien; in jedem Fall konnten die bürgerlichen Rechte, die
5 sie verhieß, jederzeit durch gewöhnliche Gesetze, ja sogar durch einfache administrative Maßnahmen eingeschränkt werden. Kurzum, die Konstitution war eine Farce[1]. Selbst den Interessen der hohen Beamten und des Großbürgertums kam sie kaum entgegen; Kleinbürger, Arbeiter und Bauern
10 hatten von ihr ohnehin nichts zu erhoffen.

Aus: Hans Magnus Enzensberger: Politischer Kontext 1834. In: Georg Büchner, Ludwig Weidig: Der Hessische Landbote. Texte, Briefe, Prozessakten. Kommentiert von H.M. Enzensberger. Frankfurt/M.: Insel Verlag, 1974, S. 36–41. Aus lizenzrechtlichen Gründen in nichtreformierter Schreibung

Karlsbader Beschlüsse – Hambacher Fest

Metternich versuchte, den Nationalbestrebungen mit den Karlsbader Beschlüssen entgegenzuwirken. Der Auszug aus der Rede eines Journalisten auf dem Hambacher Fest zeigt, dass die Idee
15 *der Nation unbenommen weiterlebte.*

Hauptpunkte der „Karlsbader Beschlüsse", 20. September 1819

Bundesuniversitätsgesetz

[...]
20 § 1. Es soll bei jeder Universität ein mit zweckmäßigen Instruktionen und ausgedehnten Befugnissen versehener, am Orte der Universität residierender, außerordentlicher landesherrlicher Bevollmächtigter entweder in der Person des bisherigen Kurators oder eines anderen von der Regierung
25 dazu tüchtig befundenen Mannes angestellt werden. Das Amt dieses Bevollmächtigten soll sein, über die strengste Vollziehung der bestehenden Gesetze und Disziplinarvorschriften zu wachen, den Geist, in welchem die akademischen Lehrer bei ihren öffentlichen und Privatvorträgen verfahren,

---

[1] Handlung, die der Absicht nicht mehr gerecht wird, Verhöhnung

Zug auf das Schloss Hambach

sorgfältig zu beobachten und demselben, jedoch ohne unmittelbare Einmischung in das Wissenschaftliche und die Lehrmethoden, eine heilsame, auf die künftige Bestimmung der studierenden Jugend berechnete Richtung zu geben, endlich allem, was zur Beförderung der Sittlichkeit, der guten Ordnung und des äußeren Anstandes unter den Studierenden dienen kann, seine unausgesetzte Aufmerksamkeit zu widmen. [...]
§ 2. Die Bundesregierungen verpflichten sich gegeneinander, Universitäts- und andere öffentliche Lehrer, die durch erweisliche Abweichung von ihrer Pflicht oder Überschreitung der Grenzen ihres Berufes, durch Missbrauch ihres rechtmäßigen Einflusses auf die Gemüter der Jugend, durch Verbreitung verderblicher, der öffentlichen Ordnung und Ruhe feindseliger oder die Grundlagen der bestehenden Staatseinrichtungen untergrabender Lehren ihre Unfähigkeit zur Verwaltung des ihnen anvertrauten wichtigen Amtes unverkennbar an den Tag gelegt haben, von den Universitäten und sonstigen Lehranstalten zu entfernen [...]. [...]. Ein auf solche Weise ausgeschlossener Lehrer darf in keinem anderen Bundesstaate bei irgendeinem öffentlichen Lehrinstitut wieder angestellt werden.

§ 3. Die seit langer Zeit bestehenden Gesetze gegen geheime oder nicht autorisierte Verbindungen auf den Universitäten sollen in ihrer ganzen Kraft und Strenge aufrechterhalten und insbesondere auf den seit einigen Jahren gestifteten, unter dem Namen der Allgemeinen Burschenschaft bekannten Verein umso bestimmter ausgedehnt werden, als diesem Verein die schlechterdings unzulässige Voraussetzung einer fortdauernden Gemeinschaft und Korrespondenz zwischen den verschiedenen Universitäten zugrunde liegt. [...] Die Regierungen vereinigen sich darüber, dass Individuen, die nach Bekanntmachung des gegenwärtigen Beschlusses erweislich in geheimen oder nicht autorisierten Verbindungen geblieben oder in solche getreten sind, bei keinem öffentlichen Amt zugelassen werden sollen.

§ 4. Kein Studierender, der durch einen von dem Regierungsbevollmächtigten bestätigten oder auf dessen Antrag erfolgten Beschluss eines akademischen Senates von der Universität verwiesen worden ist, [...] soll auf einer anderen Universität zugelassen [...] werden.

Bundespressegesetz

§ 1. Solange als der gegenwärtige Beschluss in Kraft bleiben wird, dürfen Schriften, die in der Form täglicher Blätter oder heftweise erscheinen, desgleichen solche, die nicht über 20 Bogen im Druck stark sind, in keinem deutschen Bundesstaate ohne Vorwissen und vorgängige Genehmhaltung der Landesbehörden zum Druck befördert werden. [...]

Aus: Ernst Rudolf Huber (Hg.): Dokumente zur deutschen Verfassungsgeschichte. Band. I. Kohlhammer: Stuttgart/Mainz/Berlin/Köln. 3. neubearbeitete und verm. Auflage. 1978, S. 100–103

Aus der Rede des Journalisten Jakob Siebenpfeiffer auf dem Hambacher Fest, Mai 1832

Geschäftig forscht und brütet der Geist der Erfindung, der Entdeckung, des Betriebs, wie er aus dem Leib der Erde die Metalle heraufhole zu Werkzeugen der Arbeit, des Gewinns und ach! unserer Bedrückung. Aber das edlere Metall der Vaterlandsliebe ruht verschüttet. Der sinnende Geist errich-

tet Eisenbahnen und baut Dampfschiffe, das enge Comptoir[1] zum Weltmarkt erweiternd, aber der Bürger bleibt fremde dem Bürger.
Und es wird kommen der Tag, der Tag des edelsten Siegstolzes, wo der Deutsche vom Alpengebirg und der Nordsee, vom Rhein, der Donau und Elbe den Bruder im Bruder umarmt, wo die Zollstöcke und die Schlagbäume, wo alle Hoheitszeichen der Trennung und Hemmung und Bedrückung verschwinden samt den Konstitutiönchen, die man etlichen mürrischen Kindern der großen Familie als Spielzeug verlieh; wo freie Straßen und freie Ströme den freien Umschwung aller Nationalkräfte und Säfte bezeugen; wo die Fürsten die bunten Hermeline feudalistischer Gottstatthalterschaft mit der männlichen Toga deutscher Nationalwürde vertauschen und der Beamte, der Krieger, statt mit der Bedientenjacke des Herrn und Meisters mit der Volksbinde sich schmückt, wo jeder Stamm, im Innern frei und selbständig, zu bürgerlicher Freiheit sich entwickelt, und ein starkes, selbstgewobenes Bruderband alle umschließt zu politischer Einheit und Kraft; wo die deutsche Flagge, statt Tribut an Barbaren zu bringen, die Erzeugnisse unseres Gewerbefleißes in fremde Weltteile geleitet.
Wo das deutsche Weib nicht mehr die dienstpflichtige Magd des herrschenden Mannes, sondern *die freie Genossin des freien Bürgers,* unseren Söhnen und Töchtern schon als stammelnden Säuglingen die Freiheit einflößt.
Wo die deutsche Jungfrau den Jüngling als den würdigsten erkennt, der am reinsten für das Vaterland erglüht; wo der Bürger nicht in höriger Untertänigkeit den Launen des Herrschers, sondern dem Gesetze gehorcht, und auf den Tafeln des Gesetzes den eigenen Willen liest und im Richter den frei erwählten Mann seines Vertrauens erblickt, wo die erhabene Germania dasteht, auf dem erzenen Piedestal[2] der Freiheit und des Rechts, in der einen Hand die Fackel der Aufklärung, welche zivilisierend hinausleuchtet in die fernsten

---

[1] das Kontor (veralt.): 1. Geschäftsraum, 2. Auslandsniederlassung einer Reederei oder eines Handelsunternehmens
[2] sockelartiger Ständer für bestimmte Zier- oder Kunstgegenstände

Winkel der Erde, in der anderen die Waage des Schiedsrichteramtes.
Es lebe das freie, das einige Deutschland!
Hoch leben die Polen, der Deutschen Verbündete!
Hoch leben die Franken, der Deutschen Brüder, die unsere Nationalität und Selbständigkeit achten!
Hoch lebe jedes Volk, das seine Ketten bricht und mit uns den Bund der Freiheit schwört!
Vaterland – Volkshoheit – Völkerbund hoch!

Aus: Wirth, Johann G.: Das Nationalfest der Deutschen zu Hambach (Reprintausgabe von 1832), S.34ff.

5. Was der Mensch so denkt: Geistesgeschichtliche Gründe und Grenzen

Die Französische Revolution ist ein Kind der Aufklärung. Mit Descartes, Rousseau, Kant, Schelling, Fichte, Hegel (die Auswahl ist eher willkürlich und mit Blickrichtung auf den Textband getroffen) sind die Namen einiger Denker genannt, die ein neues Zeitalter – das der Aufklärung, der Vernunft – einläuten, etablieren, auch kritisieren und fortentwickeln. Jostein Gaarder bietet in „Sofies Welt", dem der folgende Ausschnitt entnommen ist, einen Überblick, was dieses Zeitalter an reichhaltigen Veränderungen bot. Die weiteren Texte differenzieren das Gesagte.

Jostein Gaarder: ... von der Nadelherstellung bis zum Kanonenguss

Aufstand gegen die Autoritäten – Rationalismus – Der Gedanke der Aufklärung – Kulturoptimismus – Zurück zur Natur – Humanistisches Christentum – Menschenrechte

[...] Ein erstes Stichwort ist also *Aufstand gegen die Autoritäten*. Mehrere der französischen Aufklärungsphilosophen hatten England besucht, das in mancher Hinsicht freisinniger war als ihre Heimat. Die englische Naturwissenschaft faszinierte sie, vor allem Newton und seine universale Physik. Aber auch die englischen Philosophen inspirierten sie, vor allem Locke und seine politische Philosophie. Zu Hause in Frankreich zogen sie dann nach und nach gegen alte Autoritäten ins Feld. Sie fanden es wichtig, allen ererbten Wahrheiten gegenüber Skepsis zu zeigen. Sie glaubten das Individuum müsse selber die Antwort auf alle Fragen finden. Hier wirkte die Tradition von Descartes inspirierend. [...] Der Aufruhr gegen die alten Autoritäten wandte sich nicht zuletzt gegen die Macht von Kirche, König und Adel. [...]

Wie die Humanisten der Antike – wie Sokrates[1] und die Stoiker[2] – hatten die meisten Aufklärungsphilosophen einen unerschütterlichen Glauben an die menschliche Vernunft. Das war so auffällig, dass viele die französische Aufklärungszeit auch einfach als ‚Rationalismus' bezeichnen. Die neue Naturwissenschaft hatte festgestellt, dass die Natur vernünftig eingerichtet war. Nun hielten es die Aufklärungsphilosophen für ihre Aufgabe, auch eine Grundlage für Moral, Ethik und Religion zu schaffen, die mit der unveränderlichen Vernunft der Menschen übereinstimmte. Und das führte zum eigentlichen *Gedanken der Aufklärung*. [...]

Zuerst, so sagte man, müssten die breiten Volksschichten ‚aufgeklärt' werden. Das sei die absolute Grundbedingung einer besseren Gesellschaft. Im Volk aber herrschten Unwissenheit und Aberglauben. Der Erziehung wurde deshalb große Aufmerksamkeit gewidmet. Es ist kein Zufall, dass die Pädagogik als Wissenschaft in der Aufklärungszeit begründet wurde. [...]

Das große Denkmal der Aufklärung ist typischerweise ein Lexikon. Ich denke an die sogenannte *Enzyklopädie,* die zwischen 1751 und 1772 in achtundzwanzig Bänden mit Beiträgen aller großen Aufklärungsphilosophen erschien. ‚Hier gibt es alles', hieß es, ‚von der Nadelherstellung bis zum Kanonenguss.

[*Kulturoptimismus*]

Wenn Vernunft und Wissen sich erst ausgebreitet hätten, meinten die Aufklärungsphilosophen, dann würde die Menschheit große Fortschritte machen. Es war nur eine Frage der Zeit, dann würden Unvernunft und Unwissen

---

[1] [470–399 v.Chr.), Lehrer Platons (427–347 v. Chr.), der über das lebendige Gespräch philosophisch wirkte, Begründer der klass. Epoche der griech. Philosophie. In Platons Schriften leben Sokrates, der selbst keine Zeile schrieb, und dessen praktische Gesprächskunst über Wahrheit u. Sittlichkeit fort.

[2] Vertreter der Stoa: philosophische Richtung im antiken Griechenland, begründet ca. 300 v. Chr. von dem Philosophen *Zenon.* Zentral steht eine alles durchwirkende Kraft ([Pantheismus =] Einheit v. Gott und Natur, Welt-Seele, -Vernunft). Ihr Ideal ist der sich selbst Beherrschende, der mit *stoischer* Ruhe Ertragende, der in der Tugend den Weg zur Glückseligkeit findet.

verschwunden und eine aufgeklärte Menschheit da sein. Dieser Gedanke hatte in Westeuropa bis vor einigen Jahrzehnten fast schon ein Monopol. Heute sind wir nicht mehr so sehr davon überzeugt, dass immer mehr Wissen zu immer besseren Zuständen in der Welt führt. Diese Kritik der ‚Zivilisation' wurde allerdings auch schon von den französischen Aufklärungsphilosophen selber vorgebracht. [...] ‚Zurück zur Natur!' hieß die Losung der Zivilisationskritik. Aber unter Natur verstanden die Aufklärungsphilosophen fast dasselbe wie unter Vernunft. Denn die Vernunft ist dem Menschen ja von der Natur gegeben – im Gegensatz zur Kirche etwa oder zur Zivilisation. [...] Das Schlagwort ‚Zurück zur Natur!' stammt von *Jean Jacques Rousseau*. Er erklärte, die Natur sei gut und deshalb auch der Mensch ‚von Natur aus'. Alles Übel liege in der zivilisierten Gesellschaft, die den Menschen von seiner Natur entferne. Darum wollte Rousseau auch die Kinder so lange wie möglich in ihrem ‚natürlichen' Zustand der Unschuld leben lassen. Du kannst sagen, dass die Vorstellung von einem eigenen Wert der Kindheit aus der Aufklärungszeit stammt. [...]
Auch die Religion musste mit der ‚natürlichen Vernunft' der Menschen in Übereinstimmung gebracht werden. Viele kämpften für das, was wir als ein *humanistisches Christentum* bezeichnen können, und das ist der sechste Punkt auf der Liste. Es gab selbstverständlich auch konsequente Materialisten, die an keinen Gott glaubten und sich also zu einem atheistischen Standpunkt bekannten. Aber die meisten Aufklärungsphilosophen hielten es für unvernünftig, sich eine Welt ohne Gott vorzustellen. Dazu war ihnen die Welt zu vernünftig eingerichtet. Dieselbe Ansicht hatte zum Beispiel auch Newton vertreten. Ebenso wurde der Glaube an die Unsterblichkeit der Seele als vernünftig betrachtet. Wie für Descartes, war für die Philosophen der Aufklärung die Frage, ob der Mensch eine unsterbliche Seele hat, eher eine Frage der Vernunft als des Glaubens. [...]
Wovon die Aufklärungsphilosophen das Christentum befreien wollten, waren die vielen unvernünftigen Dogmen oder Glaubenssätze, die im Laufe der Kirchengeschichte auf Jesu schlichte Verkündigung aufgepfropft worden waren. [...]

Viele schworen auch auf den sogenannten *Deismus*. [...]
Unter ‚Deismus' verstehen wir eine Auffassung, nach der Gott vor langer, langer Zeit die Welt geschaffen hat, nach der er sich dieser Welt aber nicht offenbart. Auf diese Wei-
5 se wird Gott zu einem höchsten Wesen, das sich den Menschen nur durch die Natur und ihre Gesetze zu erkennen gibt – das sich aber nicht auf übernatürliche Weise offenbart. Solch ein ‚philosophischer Gott' begegnete uns ja schon bei Aristoteles. Für ihn war Gott die erste Ursache oder der
10 erste Beweger der Universums. [...]
[*Menschenrechte*]
[...], [D]ie französischen Aufklärungsphilosophen haben sich nicht mit theoretischen Ansichten über den Platz des Menschen in der Gesellschaft begnügt. Sie kämpften aktiv für das,
15 was sie als die ‚natürlichen Rechte' der Bürger bezeichneten. Vor allem ging es um den Kampf gegen die Zensur – also für die Pressefreiheit. In bezug auf Religion, Moral und Politik musste dem Einzelnen das Recht gesichert werden, frei zu denken und seine Ansichten auch zum Ausdruck zu bringen.
20 Außerdem wurde gegen die Sklaverei und für eine humanere Behandlung von Gesetzesbrechern gekämpft.
[...] Das Prinzip der Unverletzlichkeit des Einzelnen schlug sich schließlich in der Erklärung der Menschen- und Bürgerrechte nieder, die im Jahre 1789 von der französischen
25 Nationalversammlung verabschiedet wurde. [...]
[D]ie Aufklärungsphilosophen wollten bestimmte Gesetze festlegen, die alle Menschen einfach deshalb haben, weil sie als Menschen geboren sind. Das verstanden sie unter ‚natürlichen' Rechten.

Aus: Jostein Gaarder: Sofies Welt. Roman über die Geschichte der Philosophie. München 1993, S. 357–378

Immanuel Kant: Beantwortung der Frage: Was ist Aufklärung?

Gegen den „Schwindel der Priester" und den „Aberglauben der Analphabeten" ist – wie Marcuse sagt – die Epoche der Aufklärung gerichtet. Fortan dominiert die Vernunft. Kant fasst in Worte,
35 *was schon das ganze 18. Jahrhundert bewegte. Bei Büchner be-*

gegnet man der Aufklärung in „Dantons Tod" in Gestalt der
Protagonisten der Französischen Revolution, die sich von „dem"
Werk der Aufklärung – der Enzyklopädie – stark beeinflusst
zeigten. Aus ihr leitet sich die Idee der Gleichheit vor dem Gesetz
ab, woraus auch der Anspruch abgeleitet wird, dass alle Bürger
freien Zugang zu bis dahin dem Adel vorbehaltenen staatlichen
Positionen haben. „Als Moralist hat Diderot", einer der Herausgeber
der Enzyklopädie, „die Revolution in Frankreich herbeigesehnt
und herbeigeschrieben wie kaum ein anderer Aufklärer, bis
hin zur Rechtfertigung des Königsmordes", wie Reinhart Kosseleck
betont. Die feudale Ordnung auf der einen Seite wird durch
den Glauben an die Vernunft aus den Angeln gehoben, auf der
anderen Seite werden durch den Kult der Vernunft die Kirche
entmachtet und die Religion kritisiert und relativiert. Die kritische
Haltung zur Kirche ist auch dokumentiert in dem neu eingeführten
Kalender, der den Sonntag abschafft und der stattdessen
den Monat in Abschnitte zu zehn Tagen einteilt. An diesem zehnten
Tag wird das Fest der Vernunft begangen. Darüber hinaus
werden zeitweise die Gotteshäuser zu Tempeln der Vernunft erklärt.

*Aufklärung ist der Ausgang des Menschen aus seiner selbstverschuldeten
Unmündigkeit. Unmündigkeit ist das Unvermögen,
sich seines Verstandes ohne Leitung eines anderen zu bedienen.
Selbstverschuldet ist diese Unmündigkeit, wenn die
Ursache derselben nicht am Mangel des Verstandes, sondern
der Entschließung und des Mutes liegt, sich seiner ohne
Leitung eines anderen zu bedienen. Sapere aude! Habe Mut,
dich deines eigenen Verstandes zu bedienen: ist also der
Wahlspruch der Aufklärung.*
*[...] Es ist so bequem, unmündig zu sein. Habe ich ein Buch,
das für mich Verstand hat, einen Seelsorger, der für mich
Gewissen hat, einen Arzt, der für mich die Diät beurteilt,
usw.: so brauche ich mich ja nicht selbst zu bemühen. [...]
Es ist also für jeden einzelnen Menschen schwer, sich aus
der ihm beinahe zur Natur gewordenen Unmündigkeit herauszuarbeiten.
Er hat sie sogar liebgewonnen und ist vor der
Hand wirklich unfähig, sich seines eigenen Verstandes zu
bedienen, weil man ihn niemals den Versuch davon machen
ließ. [...]*

Dass aber ein Publikum sich selbst aufkläre, ist eher möglich; ja es ist, wenn man ihm nur Freiheit lässt, beinahe unausbleiblich. Denn da werden sich immer einige Selbstdenkende, sogar unter den eingesetzten Vormündern des großen
5 Haufens, finden, welche, nachdem sie das Joch der Unmündigkeit selbst abgeworfen haben, den Geist einer vernünftigen Schätzung des eigenen Werts und des Berufs jedes Menschen, selbst zu denken, um sich verbreiten werden. Besonders ist hierbei: dass das Publikum, welches zuvor von
10 ihnen unter dieses Joch gebracht worden, sie hernach selbst zwingt, darunter zu bleiben, wenn es von einigen seiner Vormünder, die selbst aller Aufklärung unfähig sind, dazu aufgewiegelt worden; so schädlich ist es, Vorurteile zu pflanzen, weil sie sich zuletzt an denen selbst rächen, die, oder
15 deren Vorgänger, ihre Urheber gewesen sind. Daher kann ein Publikum nur langsam zur Aufklärung gelangen. Durch eine Revolution wird vielleicht wohl ein Abfall von persönlichem Despotismus und gewinnsüchtiger oder herrschsüchtiger Bedrückung, aber niemals wahre Reform der Den-
20 kungsart zustande kommen; sondern neue Vorurteile werden, eben sowohl als die alten, zum Leitbande des gedankenlosen großen Haufens dienen. [...]
Wenn denn nun gefragt wird: Leben wir in einem *aufgeklärten* Zeitalter?, so ist die Antwort: Nein, aber wohl in einem
25 Zeitalter der *Aufklärung*. [...]
Wenn denn die Natur unter dieser harten Hülle den Keim, für den sie am zärtlichsten sorgt, nämlich den Hang und Beruf zum *freien Denken,* ausgewickelt hat: so wirkt dieser allmählich zurück auf die Sinnesart des Volkes (wodurch
30 dieses der *Freiheit zu handeln* nach und nach fähiger wird), und endlich auch sogar auf die Grundsätze der *Regierung,* die es ihr selbst zuträglich findet, den Menschen, der nun *mehr als Maschine* ist, seiner Würde gemäß zu behandeln.

Aus: Immanuel Kant: Beantwortung der Frage: Was ist Aufklärung? In: Kant. Ausgewählt und vorgestellt von Günter Schulte. Reihe: Philosophie jetzt! Hrsg. von Peter Sloterdijk. München: Diederichs 1998, S. 301–309

Jean-Jacques Rousseau: Der Gesellschaftsvertrag

Das geisteswissenschaftliche Denken wie auch das pädagogische des 18./19. Jahrhunderts insgesamt waren von Rousseau wesentlich beeinflusst. Wie sagt Kant: „[I]ch verachtete den Pöbel, der von nichts weiß. Aber <u>Rousseau</u> hat mich zurecht gebracht." Die französische Revolution stützte sich gerade während ihrer blutigen Phase auf die Ideen von Rousseau, um die zunehmende Gewalt zu legitimieren. In seinem preisgekrönten Werk „Discours sur les sciences et les arts" (1750) vertritt Rousseau die Ansicht, dass die Kultur dem Menschen schädlich sei und Wissenschaft und Künste, indem sie unnatürliche Bedürfnisse weckten, den Menschen verdarben und ihre Moral untergruben. Sie beförderten das Aufkommen von Eigentum und damit beginnt sich der Gedanke von Missgunst und charakterlicher Verdorbenheit seinen unseligen Weg zu bahnen. Der einsichtige Selbsterhaltungstrieb weicht purem Egoismus. Die Welt teilt sich ungleich auf in Besitzende und Besitzlose, wobei die fortschreitende Kultur wachsende Unterschiede und Abhängigkeiten schafft. Nach Rousseau bedeuten ein Mehr an technischem Fortschritt und Wissen nicht automatisch ein Mehr an Freiheit und eine bessere Welt. In weiteren Abhandlungen ausgearbeitet mündet dies 1762 schließlich in das Buch „Le Contrat social" (Der Gesellschaftsvertrag). Der individuelle Wille wird zurückgestellt zugunsten gesetzlicher Regelungen. Damit unterstellt der Mensch sich freiwillig Zwängen: „Der Mensch ist frei geboren, und überall liegt er in Ketten" (Rousseau). Das bringt aber Vorteile für den Einzelnen. An die Stelle einer natürlichen Freiheit und einer durch die Umwelt gefährdeten Selbstbestimmung werden bürgerliche Freiheiten durch Rechte gesetzt, die von allen anerkannt werden. „Der Gesellschaftsvertrag ermöglicht allen Beteiligten, eine unsichere und prekäre Daseinsweise gegen eine bessere einzutauschen" (Hinsch 2004:358). Damit wird zugleich der auf den Einzelwillen setzende hierarchisch geregelte Feudalismus aus den Angeln gehoben und abgelöst vom sogenannten „Gemeinwillen" („volonté generale"). Gültiges Gesetz wird danach, was der Befragung durch die Entscheidungsgewalt ausübenden Bürger (der „citoyen") standhält. Der Einzelne ist somit Teil eines sich verwirklichenden Gemeinwesens. Rousseaus Kritik ist Gesellschaftskritik und ein

Plädoyer gegen die unmenschlichen Bedingungen seiner Zeit. Bei aller Kritik, die an der Gesellschaft geübt wird, auch Rousseau ist ein Kind der Aufklärung, der sie vorantreibt, indem er sie aufs Schärfste kritisiert. Robespierre war als junger Student bei Rousseau vorstellig, und die Gedanken, die Rousseau in dem schon erwähnten Buch „Der Gesellschaftsvertrag" (1762) formulierte, waren bei der Entwicklung der republikanischen Verfassung Vorbild und auch Rousseau so Wegbereiter einer neuen Ordnung. Obwohl nach seinem Erscheinen der „Contrat social" kaum gelesen wurde, wurde die Schrift mit der Französischen Revolution „zur Programmschrift für eine neue Zeit" (Hinsch 2004: 356). Aber nicht nur für Frankreich war Rousseau mit seinen Ideen für einen demokratischen Staat Vorbild, sondern auch schon zuvor für das nach Unabhängigkeit strebende Amerika, wie Hagen Schulze konstatiert: „[E]s war kein Zufall, dass die amerikanische Unabhängigkeitserklärung von 1776 Rousseaus Thesen fast wörtlich wiederholte".

Ich will untersuchen, ob es in der bürgerlichen Ordnung irgendeine rechtmäßige und sichere Regel für das Regieren geben kann; dabei werden die Menschen genommen, wie sie sind, und die Gesetze, wie sie sein können. Ich werde mich bemühen, in dieser Untersuchung das, was das Recht zulässt, stets mit dem zu verbinden, was der Vorteil vorschreibt, damit Gerechtigkeit und Nutzen nicht getrennt gefunden werden. [...]

1. Kapitel: Gegenstand dieses ersten Buches

Der Mensch ist frei geboren, und überall liegt er in Ketten. Einer hält sich für den Herrn der anderen und bleibt doch mehr Sklave als sie. Wie ist dieser Wandel zustande gekommen? Ich weiß es nicht. Was kann ihm Rechtmäßigkeit verleihen? Diese Frage glaube ich beantworten zu können.
Wenn ich nur die Stärke betrachte und die Wirkung, die sie hervorbringt, würde ich sagen: Solange ein Volk zu gehorchen gezwungen ist und gehorcht, tut es gut daran; sobald es das Joch abschütteln kann und es abschüttelt, tut es noch besser; denn da es seine Freiheit durch dasselbe Recht wiedererlangt, das sie ihm geraubt hat, ist es entweder berech-

tigt, sie sich zurückzuholen, oder man hatte keinerlei Recht, sie ihm wegzunehmen. Aber die gesellschaftliche Ordnung ist ein geheiligtes Recht, das allen anderen zur Grundlage dient. Trotzdem stammt dieses Recht nicht von der Natur; es beruht also auf Vereinbarungen. [...]

2. Kapitel: Von den ersten Gesellschaften

Die älteste aller Gesellschaften und die einzig natürliche ist die der Familie. Und selbst dort bleiben die Kinder nicht länger an den Vater gebunden, als sie seiner zu ihrer Erhaltung bedürfen. Sobald diese Bedürftigkeit aufhört, löst sich das natürliche Band. Die Kinder, befreit vom Gehorsam, den sie dem Vater schuldeten, und der Vater, befreit von der Sorge, die er den Kindern schuldete, beide kehren gleichermaßen in die Unabhängigkeit zurück. Wenn sie weiter zusammenbleiben, geschieht dies nicht mehr natürlich, sondern willentlich, und die Familie selbst wird nur durch Übereinkunft aufrechterhalten.
Die allen gemeinsame Freiheit ist eine Folge der Natur des Menschen. Dessen oberstes Gesetz ist es, über seine Selbsterhaltung zu wachen, seine erste Sorge ist diejenige, die er sich selber schuldet, und sobald der Mensch erwachsen ist, wird er so sein eigener Herr, da er der einzige Richter über die geeigneten Mittel zu seiner Erhaltung ist.
Die Familie ist deshalb, wenn man so will, das Urbild der politischen Gesellschaften; das Oberhaupt ist das Abbild des Vaters, das Volk das Abbild der Kinder, und da alle gleich und frei geboren sind, veräußern sie ihre Freiheit einzig zu ihrem Nutzen. Der ganze Unterschied ist, dass in der Familie die Liebe des Vaters für seine Kinder ihn entschädigt für die Sorge, die er an sie wendet, und dass im Staat das Vergnügen zu befehlen jene Liebe ersetzt, die das Oberhaupt für seine Völker nicht empfindet. [...]
[...] Aristoteles [hatte] [...] gesagt, dass die Menschen von Natur keineswegs gleich sind, sondern dass die einen für die Sklaverei und die anderen zur Herrschaft geboren werden. Aristoteles hatte recht, aber er nahm die Wirkung für die Ursache. Jeder in der Sklaverei Geborene wird für die Sklaverei geboren, nichts ist sicherer. Die Sklaven verlieren in

ihren Ketten alles bis hin zu dem Wunsch, ihnen zu entrinnen; sie lieben ihre Knechtschaft wie die Gefährten des Odysseus ihr tierisches Wesen. Wenn es also Sklaven von Natur gibt, dann deshalb, weil es Sklaven wider die Natur gegeben hat. Gewalt hat die ersten Sklaven geschaffen, ihre Feigheit hat diesen Zustand verewigt. [...]

5. Kapitel: Dass man immer auf eine erste Übereinkunft zurückgehen muss

[...] Es wird immer ein großer Unterschied sein, ob man eine Masse unterwirft oder eine Gesellschaft regiert. Wenn zerstreut lebende Menschen nach und nach in die Knechtschaft eines Einzelnen geraten, sehe ich dabei, gleichgültig wie groß ihre Zahl sein mag, nur Sklaven und einen Herrn und nicht ein Volk und sein Oberhaupt; es handelt sich, wenn man will, um eine Anhäufung, nicht um einen Zusammenschluss; es gibt weder ein Gemeinwohl noch einen Staatskörper. Dieser Mensch, mag er auch die halbe Welt unterjocht haben, bleibt immer ein Einzelner; sein Interesse, geschieden von dem der anderen, bleibt immer ein Privatinteresse. Wenn ebendieser Mensch einmal stirbt, hinterlässt er sein Reich zerstreut und zusammenhanglos, wie eine Eiche, vom Feuer verzehrt, sich auflöst und zu einem Haufen Asche zusammensinkt.

Ein Volk, sagt Grotius, kann sich an einen König hergeben. Also ist ein Volk nach Grotius schon ein Volk, bevor es sich an einen König hergibt. Dieses Hergeben selbst ist ein bürgerlicher Akt, es setzt einen öffentlichen Beschluss voraus. Es wäre deshalb gut, bevor man den Akt untersucht, durch den ein Volk einen König erwählt, denjenigen zu untersuchen, durch welchen ein Volk zum Volk wird. Denn da dieser Akt dem anderen notwendigerweise vorausgeht, ist er die wahre Grundlage der Gesellschaft.

In der Tat, woraus entstünde, es sei denn, die Wahl war einstimmig, ohne eine vorausgehende Übereinkunft die Verpflichtung für die Minderheit, sich der Wahl der Mehrheit zu unterwerfen, und woher haben hundert, die einen Herrn wollen, das Recht, für zehn zu stimmen, die keinen wollen?

Das Gesetz der Stimmenmehrheit beruht selbst auf Übereinkunft und setzt zumindest einmal Einstimmigkeit voraus.

6. Kapitel: Vom Gesellschaftsvertrag

Ich unterstelle, dass die Menschen jenen Punkt erreicht haben, an dem die Hindernisse, die ihrem Fortbestehen im Naturzustand schaden, in ihrem Widerstand den Sieg davontragen über die Kräfte, die jedes Individuum einsetzen kann, um sich in diesem Zustand zu halten. Dann kann dieser ursprüngliche Zustand nicht weiterbestehen, und das Menschengeschlecht würde zugrunde gehen, wenn es die Art seines Daseins nicht änderte.
[D]a [...] Kraft und Freiheit jedes Menschen die ersten Werkzeuge für seine Erhaltung sind – wie kann er sie verpfänden, ohne sich zu schaden und ohne die Pflichten gegen sich selbst zu vernachlässigen? Diese Schwierigkeit lässt sich, auf meinen Gegenstand angewandt, so ausdrücken: „Finde eine Form des Zusammenschlusses, die mit ihrer ganzen gemeinsamen Kraft die Person und das Vermögen jedes einzelnen Mitglieds verteidigt und schützt und durch die doch jeder, indem er sich mit allen vereinigt, nur sich selbst gehorcht und genauso frei bleibt wie zuvor." Das ist das grundlegende Problem, dessen Lösung der Gesellschaftsvertrag darstellt.
Die Bestimmungen dieses Vertrages sind durch die Natur des Aktes so vorgegeben, dass die geringste Abänderung sie null und nichtig machen würde; [...]
Diese Bestimmungen lassen sich bei richtigem Verständnis sämtlich auf eine einzige zurückführen, nämlich die völlige Entäußerung jedes Mitglieds mit allen seinen Rechten an das Gemeinwesen als Ganzes. Denn erstens ist die Ausgangslage, da jeder sich voll und ganz gibt, für alle die gleiche, und da sie für alle gleich ist, hat keiner ein Interesse daran, sie für die anderen beschwerlich zu machen.
Darüber hinaus ist die Vereinigung, da die Entäußerung ohne Vorbehalt geschah, so vollkommen, wie sie nur sein kann, und kein Mitglied hat mehr etwas zu fordern: Denn wenn den Einzelnen einige Rechte blieben, würde jeder – da es

keine allen übergeordnete Instanz gäbe, die zwischen ihm und der Öffentlichkeit entscheiden könnte – bald den Anspruch erheben, weil er in manchen Punkten sein eigener Richter ist, es auch in allen zu sein; der Naturzustand würde fortdauern, und der Zusammenschluss wäre dann notwendig tyrannisch oder inhaltslos.

Schließlich gibt sich jeder, da er sich allen gibt, niemandem, und da kein Mitglied existiert, über das man nicht das gleiche Recht erwirbt, das man ihm über sich einräumt, gewinnt man den Gegenwert für alles, was man aufgibt, und mehr Kraft, um zu bewahren, was man hat.

Wenn man also beim Gesellschaftsvertrag von allem absieht, was nicht zu seinem Wesen gehört, wird man finden, dass er sich auf Folgendes beschränkt: *Gemeinsam stellen wir alle, jeder von uns seine Person und seine ganze Kraft unter die oberste Richtschnur des Gemeinwilles; und wir nehmen, als Körper, jedes Glied als untrennbaren Teil des Ganzen auf.*

Dieser Akt des Zusammenschlusses schafft augenblicklich anstelle der Einzelperson jedes Vertragspartners eine sittliche Gesamtkörperschaft, die aus ebenso vielen Gliedern besteht, wie die Versammlung Stimmen hat, und die durch ebendiesen Akt ihre Einheit, ihr gemeinschaftliches Ich, ihr Leben und ihren Willen erhält. Diese öffentliche Person, die so aus dem Zusammenschluss aller zustande kommt, trug früher den Namen Polis, heute trägt sie den der *Republik* oder der staatlichen Körperschaft, die von ihren Gliedern *Staat* genannt wird, wenn sie passiv, *Souverän*, wenn sie aktiv ist, und *Macht* im Vergleich mit ihresgleichen. Was die Mitglieder betrifft, so tragen sie als Gesamtheit den Namen *Volk,* als Einzelne nennen sie sich *Bürger,* sofern sie Teilhaber an der Souveränität, und *Untertanen,* sofern sie den Gesetzen des Staates unterworfen sind. [...]

Aus: Jean-Jacques Rousseau: Vom Gesellschaftsvertrag oder Grundsätze des Staatsrechts. Stuttgart: Reclam, 1986, S. 5–18, 15–19

Norbert Schläbitz: Deutscher Idealismus und Materialismus

Die in der Philosophie entworfenen, nachfolgend dargestellten Idealismusvorstellungen haben auf die Gesellschaft und die Literatur des 18./19. Jhs. (Sturm und Drang, Klassik, Romantik) einen großen Einfluss ausgeübt. Büchner kritisierte vehement das idealistisch überhöhte Denken. Sein Interesse und seine Darstellung galten dem vor dem Hintergrund einer Welt ohne Gott nichtigen Menschen, der nur im Diesseits auf eine bessere Welt hoffen darf.

Idealismus

Der Begriff Idealismus setzt sich aus den griechischen Wörtern *idein* (sehen) und *eidos* (Bild) zusammen. Wenn wir den Blick auf die Welt werfen, so *sehen* wir ein *Bild* von der Welt, aber nicht die wirkliche Welt. Die Welt der Erscheinung bietet ein Trugbild und im Prinzip bloße Abbilder eines geistigen *Urbildes*, das sich allein in der Idee manifestiert. Der Gedanke einer Welt, die sich erst im Ideenhimmel *wirklich* zeigt, lässt sich bis zu Platon zurückverfolgen. Danach sprechen die Ideen die *Wahrheit*, und der Mensch versucht die *eine* Wahrheit hinter den mannigfaltigen Erscheinungen zu erschauen. Die Idee hat Vorrang vor den *bloßen Sachen*, die uns umstehen, und ist allein im Geist, aber nicht in der Welt präsent, die stets Unterschiede setzt.

Der Gedanke des Idealismus wird durch die Jahrhunderte fortgetragen, um im 18. Jahrhundert in den Satz des Empiristen Berkeley (1684–1753) einzumünden: *esse est percipi;* zu deutsch: Alles Sein ist Wahrgenommenwerden. Der Mensch lebt in einer durch die Sinne gefilterten Erfahrungswelt, und die Dinge in der Welt gewinnen Kontur durch das wahrnehmende Bewusstsein, das sich die ‚objektiven' Dinge vorstellt. Wo wir Objekte wahrnehmen, existieren sie nicht außer uns, sondern nur in uns. Ohne ein Subjekt der Wahrnehmung gibt es danach auch keine objektive Welt. Damit wird nicht die konkrete Welt als solche bestritten, an der wir uns stoßen und die uns zuletzt auch noch umbringt, wohl aber das Erkennen der *Dinge an sich*. Unser ‚Wahrnehmungsapparat' bietet nur einen winzigen Teilausschnitt aus dem Gesamt der ‚Daten', die die Welt ausmachen, und das Bewusstsein errechnet daraus *seine* Idee oder Vorstellung von Welt, die – so der Glaube – schließlich aber doch die Wahrheit sprechen können soll. Das Erschließen des Dings an sich bleibt dabei gedankliches Konstrukt. Allen nachfolgenden, kurz umrissenen Denkrichtungen ist gemeinsam, dass sie dem *Geistigen* Vorrang vor dem *Materiellen* einräumen.

Bei Kant (1724–1804) ist vom *kritischen* oder auch *transzendentalen*[1] *Idealismus* zu sprechen. Kant untersucht, unter welchen Bedingungen der Verstand Erfahrungen in der Welt macht. Als *Bedingung der Möglichkeit* von Erfahrung werden die Anschauungsformen *Raum* und *Zeit* erkannt. Nun operiert der Verstand a priori (= vor aller Erfahrung) nach bestimmten Kategorien der Vernunft, von denen Kant vier Hauptkategorien (Quantität, Qualität, Relation, Modalität) ausmacht, die zu zwölf Kategorien ausdifferenziert werden. In den Bereich der Qualität fällt so bspw. das Unterscheiden nach Ursache und Wirkung. Der Verstand erfährt so eine Art ‚Vorverdrahtung', bevor er in Kopplung mit der Einbildungskraft in Aktion und zur Welterkennung (an)tritt. Mit anderen Worten sagt Kant nichts anderes, als dass die Wahrnehmung zwar abhängig von den äußeren Dingen ist, diese äußeren Dinge jedoch grundsätzlich dem Menschen unzugänglich bleiben. Was der Mensch allein erkennt, sind allein vom Verstand abhängige Formen, die er in die umstehenden Dinge hineindenkt. Als Kant'sche *kopernikanische Wende*[2] bekannt geworden, ist diese Betrachtung, die Kant

---

[1] transzendental: seit Kant die Bedingungen, unter denen menschliche Erfahrung möglich wird (die Bedingung der Möglichkeit). Im Unterschied zum nahezu begrifflich entgegengesetzten *transzendent*: die Grenzen der/s menschlichen Erfahrung/Bewusstseins überschreitend.

[2] Kopernikus machte mit der Vorstellung ein Ende, dass die Erde zentral und ruhig steht und die Sonne sich um sie dreht – mit dieser Grundidee stand auch der Mensch im Zentrum des Weltgefüges. Er drehte die Betrachtung um: Die Erde rotiert um die Sonne. So wurde mit der bewegten Erde auch der Mensch an den Rand der Welt gerückt und seine Bedeutung erstmals infrage gestellt.

vornimmt, in der Tat geradezu revolutionär. Nicht aus der Erfahrung leiten sich die Begriffe ab, sondern durch die Begriffe wird die Erfahrung geleitet, und die erfahrende Umwelt wird durch sie erklärt. Mit den Worten Kants: *Gedanken ohne Inhalt sind leer, Anschauungen ohne Begriffe sind blind.* Der Verstand *prägt* den Dingen vernünftige Formen auf. Das *Objekt* ist somit das Ergebnis eines subjektiven Denkens. Wie die Welt an sich ist, kann der Mensch sich nicht vorstellen. Sie bleibt ihm auf ewig unerkannt. Er erfährt sie nur im Spiegel seiner verstandesmäßigen *Konstruktion*.

Das Etikett des *subjektiven Idealismus* ist der Ideenlehre Fichte (1762–1814) zu verleihen. Er grenzt sich von der kantschen Vorstellung ab, dass eine wie auch immer geartete materielle Welt das menschliche Denken bedingen soll. Für ihn ist die Welt alleinige vom Ich ausgehende *Setzung*. Damit ist der Mensch, indem die erkannte Welt nach innerweltlichen Vorstellungen entworfen ist, aktiv und frei und der Souverän seiner selbst und wird sich seiner selbst bewusst. Dem menschlichen Ich wird – abgelöst von Natur und Gott – also die Fähigkeit zur Schöpfung zugewiesen, das die äußere Nicht-Ich-Welt – in Gegenüberstellung zum Ich – projiziert. Das Ich ist, wie Fichte sagt, *zugleich das Handelnde, und das Produkt der Handlung; das Thätige und das, was durch die Thätigkeit hervorgebracht wird; Handlung und That sind Eins und eben dasselbe; und daher ist das:* <u>Ich bin</u>, *Ausdruk einer Thathandlung*. Diese Produktion oder sagen wir die erscheinende Projektion des Nicht-Ichs ist keinem bewussten Akt geschuldet, sondern geschieht unbewusst, sodass im Zuge dieser Unbewusstheit das Nicht-Ich zur *Gegenständlichkeit* gerinnt und wirklich scheint.

In einer weiteren Ausprägung ist vom *objektiven Idealismus* die Rede und mit ihm verbunden der Name Schelling (1775–1854). Auch hier entspricht und entspringt die äußere Welt der innerweltlichen Vorstellung, doch im Unterschied zu Fichte verfügt bei Schelling die Natur über eine gewisse Eigenständigkeit, da Natur und Geist als von einem allumfassenden göttlichen Geist beseelt betrachtet werden. Schelling dazu: *Die Natur ist der sichtbare Geist, der Geist die unsichtbare Natur*. Mithilfe der sogenannten *intellektuellen Anschauung* ist es dem Menschen gegeben, den umfassenden

Wirklichkeitsgrund, der das Göttliche ist, zu erschauen. Dieses Göttliche wohnt dem Geist wie der Natur, die sich gegenüberstehen, inne, doch zeigt die Natur sich dem Geist nicht nur verbunden, sondern mit ihm zuletzt doch identisch, da nunmehr davon ausgegangen wird, dass Natur in ihrer Entwicklung schließlich in den Geist mündet. Es ist ein *teleologisches*[1] Weltbild, was entworfen wird, da Natur als Zwischenstadium begriffen wird, die als *werdende Offenbarung des Ewigen* den göttlichen Keim in sich trägt. Sie wird, um in der Enthüllung Geist zu werden.

Zuletzt soll der *absolute Idealismus* nach Hegel (1770–1831) angesprochen werden, der auch als Weg zum absoluten Geist beschrieben werden kann und in dem sich gleichfalls ein teleologisches Weltbild spiegelt. Der Grundgedanke ist, dass einem Absoluten, das das Ganze umfasst, die eigentliche, die einzig wahre Realität innewohnt. Mit den Worten Hegels: *Das Wahre ist das Ganze, das Ganze ist das durch seine Entwicklung sich vollendende Wesen.* Hegels Lehre verfährt nun, um dieses Ziel zu erreichen, *dialektisch*[2]. Zu erinnern ist an Fichte und an seine Ich-Setzung, der entgegengesetzt das Nicht-Ich steht. Solange wie eine Gegensetzung (Nicht-Ich) gegeben ist, ist nur eine Teilwahrheit zugegen. Um dem absoluten Geist zuzuarbeiten, wird dem Ich (*These*) das Nicht-Ich *(Antithese)* nicht nur gegenübergestellt, sondern sie sehen sich aufgehoben in der *Synthese*. Es kommt also Bewegung ins Spiel, denn nunmehr schreitet die Entfaltung des Geistes zum Ganzen voran, da der gegebene Widerspruch *aufgehoben* wird in der *Synthese*. Aufgehoben meint dabei zweierlei: Zum einen wird der Widerspruch zwischen These und Antithese aufgehoben (im Sinne von *ausgelöscht*), zum anderen aber werden die Qualitäten beider Pole aufgehoben (im Sinne von *bewahrt*). So findet das sich Widersprechende im Dritten – der Synthese – den versöhnenden Ausgleich. Gleich einer Spirale wird nun immer weiter auf

---

[1] nach Aristoteles' Lehre von der Zweckmäßigkeit und Zielgerichtetheit der Welt (griech.: telos: Ziel, Zweck)

[2] Das Denken in Gegensätzen zum Zwecke der Wahrheitsfindung durch Aufdecken und Überwinden von Gegensätzen

einer je höheren Ebene in diesem dialektischen Aufhebungsspiel vorangeschritten, denn die als neue These auf einer höheren Qualitätsstufe operierende Synthese ruft wieder eine Anti-These hervor, bis zuletzt schließlich die sich selbst denkende gegenstandslose absolute Idee erreicht ist.
Die Problematik einer solchen, ja einer jeden teleologischen Idee sei hier nur angedeutet: Die Proklamierung des absoluten Geistes lässt die Bedürfnisse des Einzelnen verschwinden und macht ihn zum Werkzeug, das namenlos dem Weltgeist zuarbeitet. Marcuse (1898–1979) bemerkt dazu kritisch an: *Die überlebensgroße Kultur stellt in den Schatten den kleinen Einzelnen, der gerade gut genug ist, an ihr zu bauen. Die Kultur ist nicht zum Genuss da, sondern zur Erhöhung eines Allmächtigen, der zum Beispiel auch Menschheit heißen kann.* Mögliches individuelles Leiden ist bedeutungslos, ja gerechtfertigt und sogar ‚vernünftig‘, denn im Einzelnen verkörpert sich mit Blick auf den fernen Geist notwendigerweise der augenblickliche *Geist der Zeit*. So ist der Einzelne ohne Anspruch auf individuelles Glück allein notwendiges Zwischenstadium auf dem Weg zum absoluten Geist. Mit Hegel: *Die Weltgeschichte ist nicht der Boden des Glücks. Die Perioden des Glücks sind leere Blätter in ihr.*

Materialismus

Als Gegenströmung zum *Idealismus*, der den Geist ins Zentrum setzt, ist der *Materialismus* zu benennen, der ganz auf die Stofflichkeit setzt. *Ohne Phosphor kein Gedanke*, proklamierte Jacob Moleschott (1822–1893) im 19. Jh., der die Weltweisheit ganz auf die *Lehre vom Stoffwechsel* zurückgeführt sehen wollte. Seele und Geist sind in dieser Lehre beschrieben als schlichte Funktionen der Materie, und indem in der Bewegung das Wesen der Materie erkannt wird, kann auch auf Gott als erstem Beweger verzichtet werden. *Der Mensch als Maschine* lautet ein Text des Materialisten Julien Offroy de Lamettrie (1701–1751), indem vom Menschen wie folgt die Rede ist: *Der Körper des Menschen ist eine Maschine, die ihre Triebfedern selbst spannt, ein lebendiger Inbegriff der ewigen Bewegung. Die zugeführte Nahrung sorgt dafür, dass sie in Gang bleibt. Ohne Nahrung verliert die Seele zunehmend an Kraft [...]. Versorgt man den Körper jedoch mit vorzüglicher Nahrung und stärkenden Säften, so wird die Seele ebenso vorzüglich sein und stark [...].* Dem Materialismus verhaftet und nicht nur typischer, sondern im 19. Jahrhundert bekannter Vertreter dieser Denkrichtung war Ludwig Büchner (1824–1899), Philosoph und Bruder von Georg Büchner. Dessen Buch *Kraft und Stoff* erlebte allein zu Ludwig Büchners Lebzeiten 21 Auflagen und wurde in 13 Sprachen übersetzt, die ebenfalls immer wieder Neuauflagen erlebten.

Herbert und Elisabeth Frenzel: Das klassische Ideal (1786–1832)

Klassik, Romantik, Realismus sind die Stichworte, die im Folgenden dargelegt werden. Büchner ist im Grunde keiner dieser Richtungen zuzuordnen. Er verneint die Klassik und steht zwischen Romantik und Realismus, kann aber als frühes Vorbild für Realismus und Naturalismus gelten.

Von der überragenden Dichterpersönlichkeit Goethes aus gesehen umgreift eine sogenannte Goethezeit zugleich Sturm und Drang und wesentliche Teile der Romantik. Soweit sie teil hat an den zwischen 1780 und 1830 geschaffenen philosophischen Systemen, steht die Zeit im Zeichen des deutschen Idealismus. Gegenüber der Romantik ist sie besonders als Epoche einer auf geschlossene Form, ‚Vollendung', gerichteten Kunst im Gegensatz zu der ‚Unendlichkeit' der romantischen Universalperiode gewertet worden. Klassische Dichtung erstrebte die Statik des in sich ruhenden guten und schönen Menschen. [...]
Die Klassik postulierte neu Ideale. Der Mensch sieht als richtungsgebend das Gute, Wahre, Schöne und glaubt an freie Selbstbestimmung und Selbstvollendung. Er erkennt die großen Mächte der Sittlichkeit, der Kultur an. Seine philosophische Haltung enthebt ihn der kirchlichen Dogmen, ohne dass er zu ihnen in einen ausgesprochenen Gegensatz tritt. Die Natur erschien als ein großartig geordnetes Reich ohne Willkür und Gewalt. Alles Lebendige beseelte der

Mensch von sich aus, und er erlebte das Weltganze im Gefühl einer Einheit, in der alle Disharmonien untergehen. An Stelle des Rousseau'schen Aufstandes gegen die Kultur trat eine neue Kulturverklärung. Mit der Gesellschaft und ihrer Satzung söhnte sich der klassische Mensch aus. [...] Hatte der Sturm und Drang ein wesentlich amoralisches Lebensideal, so bekannte sich die Klassik zum Humanitätsideal. Allen Glauben und alle Sehnsucht legte die Klassik in den Begriff der reinen Menschlichkeit.
Die philosophische Grundrichtung des Idealismus stammt von Immanuel Kant. [...]
Das seit 1792 betriebene Studium Kants brachte die Wendung in Schillers Entwicklung. Schiller kam von Ferguson (1723–1816), Leibniz (1646 bis 1716) und Shaftesbury (1671–1713) her, der bereits die Natur als ein vom göttlichem Geist durchseeltes, teleologisch durchwirktes Ganzes begriff. Von Leibniz und Shaftesbury übernahm Schiller den für die Welt- und Kunstanschauung der Klassik wichtigen Begriff der Harmonie. Über den kantischen Gegensatz von Sittlichkeit und Vernunft, der ihm alle Grazien zurückzuschrecken schien, erhob Schiller das Ideal ihrer Versöhnung in der ästhetischen Harmonie. Schönheit und Anmut müssen sich zu der moralischen Handlung gesellen. In der „schönen Seele" treten der physische und der moralische Zustand des Menschen in ein freies Spiel miteinander. Die „schöne Seele" ist von Natur harmonisch. Stimmen Pflicht und Neigung aber nicht überein, so tritt in der Überwindung der Neigung die Würde des Menschen, seine Erhabenheit, hervor. Der Gegensatz von harmonischer Entfaltung aller Kräfte im Menschen und der Erhabenheit in Fassung und in Handlung löst sich durch eine entwicklungsgeschichtliche Betrachtung: Die Harmonie ist einmal in der Natur verwirklicht gewesen. Die Kultur erst hat sie gespalten, um sie zu einer neuen Harmonie in der Kultur zu führen, die wieder Natur ist. Der Verwirklichung dieses Kulturideals dient die ästhetische Erziehung (*Anmut und Würde,* 1793; *Briefe über die ästhetische Erziehung des Menschen,* 1795; *Vom Erhabenen,* 1793).
Wilhelm von Humboldt (1767 bis 1835) [...] verkündete besonders das Humanitätsideal der Klassik, forderte auf zu

menschlicher Selbstvollendung durch harmonische Bildung. [...] Ein Individuum werde umso größer, je mehr es vermag, das Individuelle in sich zum Allgemeingültigen, Gesetzlichen zu entfalten. [...]

Das Kunstideal der Klassik war Bändigung, Formung, Normung, Schiller formulierte Schönheit als Freiheit in der Erscheinung. Das Wesen der Schönheit sei Harmonie zwischen dem sinnlichen Trieb und dem Gesetz der Vernunft. [...] Kunstgegenstand ist nach klassischer Auffassung nicht die Lebenswirklichkeit, sondern die Gesetzlichkeit des Lebens, nicht die Wirklichkeit, sondern die Wahrheit. Nach Goethe müsse der Dichter auch in der individuellen Gestalt den Typus erkennen lassen und dem Typus durch die individuelle Gestalt Leben verleihen. [...]

Die Sprache des klassischen Dramas, gebunden an den Vers (vorherrschend Jambus), sucht allgemeingültige Formulierungen, dient der Analyse, wird Sentenz[1]. Der Wille zur Form arbeitete die dramaturgischen Grundlinien deutlich heraus, sparte mit Personen, Szenen, realistischem Detail. Elemente und Verfahrensweise der antiken Tragödie (Chor, analytische Methode) wurden erneuert. [...]

Bei Schiller wirkt nicht so sehr das Leben wie das Erkennen der Welt.

Aus: Herbert A. und Elisabeth Frenzel: 1786–1832 Klassik. In: Dies.: Daten deutscher Dichtung. Von den Anfängen bis zum jungen Deutschland, Bd. 1. München [30]1997, S. 230–235

Friedrich Schiller: Das ästhetische Ideal

Friedrich Schiller (1759–1805), der bedeutende Schüler Kants, hat dem Gedanken des Idealismus dramatische Form verliehen. Er prägte den Ausdruck „auf den Brettern, die die Welt bedeuten" und will sagen: Eine im Geist entworfene, vorgestellte Wirklichkeit wird auf der Bühne konkretisiert und im idealisierten Spiel zur Schau gestellt – eine Welt des Scheins, die zum vorbildhaften Sein erhoben wird; sie bietet „schöne Kunst", und als solche ist sie orientiert am Ideal. Das Ziel: des Menschen ästhetische Läuterung. Geleitet wurde Schiller dabei von seinen Erfahrungen mit der Französischen

---

[1] allgemeingültiger kurzer Sinnspruch

Revolution, deren naturhafte Gewalttätigkeit er ablehnte, dabei aber die Reformierung des Staates, in dem das einzelne Individuum sich wiederzufinden vermochte, grundsätzlich anerkannte. Schiller schreibt in seinen Briefen zur ästhetischen Erziehung: „Jeder individuelle Mensch, [...], trägt, der Anlage und Bestimmung nach, einen reinen idealischen Menschen in sich." Im Staat soll die Vielheit der Individuen zur Einheit zusammengeführt werden, ohne dass das Individuum wie im Absolutismus unterdrückt wird. Schiller hegt die Vorstellung, „dass das Individuum Staat ‚wird', dass der Mensch in der Zeit zum Menschen in der Idee sich ‚veredelt'." Die schöne Kunst ist für Schiller das Mittel, damit das Allgemeine (ausgedrückt im Staat) und das Besondere (Individuum) gleichermaßen Berücksichtigung erfahren, denn in der Kunst verbinden sich vernünftige Form und naturgegebene Sinnlichkeit. „Im Kunstwerk als der ins Werk gesetzten Schönheit [...] erfährt sich der Mensch als überlegnes Wesen, als ein Wesen, das Ideale realisieren und dadurch als Künstler wirken kann [...], wie als Wesen, das sich auch rezeptiv aus den Fesseln der Natur zu befreien weiß." Schiller spricht von der „Einheit von Geist und Natur". Büchner dagegen kritisierte die Idealisierung auf der Theaterbühne. So lässt er Camille im „Danton" sagen: „Von der Schöpfung, die glühend, brausend und leuchtend, um und in ihnen, sich jeden Augenblick neu gebiert, hören und sehen sie nichts. Sie gehen ins Theater, lesen Gedichte und Romane, schneiden den Fratzen darin die Gesichter nach und sagen zu Gottes Geschöpfen: wie gewöhnlich!"

Eine der ersten Erfordernisse des Dichters ist Idealisierung, Veredelung, ohne welche er aufhört, seinen Namen zu verdienen. Ihm kommt es zu, das Vortreffliche seines Gegenstandes (mag dieser nun Gestalt, Empfindung oder Handlung sein, *in* ihm oder *außer* ihm wohnen) von gröbern, wenigstens fremdartigen Beimischungen zu befreien, die in mehrern Gegenständen zerstreuten Strahlen von Vollkommenheit in einem einzigen zu sammeln, einzelne, das Ebenmaß zerstörende Züge der Harmonie des Ganzen zu unterwerfen, das Individuelle und Lokale zum Allgemeinen zu erheben. Alle Ideale, die er auf diese Art im Einzelnen bildet, sind gleichsam nur Ausflüsse eines innern Ideals von Vollkommenheit, das in der Seele des Dichters wohnt. Zu je größerer Reinheit und Fülle er dieses innere allgemeine Ideal ausgebildet hat; desto mehr werden auch jene Einzelnen sich der höchsten Vollkommenheit nähern.

Aus: Friedrich Schiller: Die Idealisierung als Aufgabe des Dichters. In: Ders.: Gesamtausgabe. Bd. 20, Hrsg. von Gerhard Fricke. München: Deutscher Taschenbuch Verlag 1966, S. 166

Herbert und Elisabeth Frenzel: Romantik (1798–1835)

Von den Philosophen hatten Einfluss auf die romantische Dichtung: Johann Gottlieb Fichte (1762–1814) [...] [und] Friedrich Wilhelm Schelling (1775–1854, seit 1793 in Jena neben den beiden Schlegel, Tieck, Novalis und Steffens Mitbegründer der romantischen Schule). [...]
Die Klassik wurde überboten durch die Vereinigung von Geist und Natur, Endlichkeit und Unendlichkeit, das Vergangene und Gegenwärtige mit dichterischen Kräften durchdrungen. Zweck der Kunst war Stimmung und Erlebnis. Dabei sollten sich die einzelnen Sinnesgebiete miteinander vermischen und die Künste ineinander übergehen. Bezeichnende Forderung: „Synästhesie", das Farbenhören, das Musiksehen. „Zu jeder schönen Darstellung mit Farben gibt es gewiss ein verbrüdertes Tonstück, das mit dem Gemälde gemeinschaftlich nur eine Seele hat" (Tieck). Vgl. Eichendorff: „... und zogen/ihn in der buhlenden Wogen/farbig klingenden Schlund." Erhabenste Fähigkeit ist die Phantasie, das freie Schöpfertum, dieses wiederum ist wichtiger als das Geschaffene. Dichterische Lebensform ist wichtiger als die Form des dichterischen Werkes. Daher viele unvollendete Werke, Improvisationen, Schätzung des Aphorismus und das Fehlen strenger Konzeption. Wichtiger als die Vollkommenheit einer Leistung ist die Sehnsucht und das Streben nach der Vollkommenheit.
Die der romantischen Dichtungs-Theorie innewohnende Dialektik[1] von Traum und Bewusstsein (Arthur Henkel) hängt zusammen mit Fichtes Philosophie der Subjektivität, der Verkündigung der absoluten Freiheit des Geistes. Der

---
[1] Das Denken in Gegensätzen zum Zwecke der Wahrheitsfindung durch Aufdecken und Überwinden von Gegensätzen

romantische Dichter besitzt die Freiheit, sich über alles, auch über die eigene Kunst, Tugend oder Genialität, zu erheben und die Sinnenwelt für seine Zwecke willkürlich einsetzen zu können. So ist die „romantische Ironie" zu begreifen als Gewähr für die Autonomie dichterischer Weltsicht gegenüber der Wirklichkeit. Der Künstler spürt den Widerstreit von Endlichem und Unendlichem während des schöpferischen Vorgangs, und das Bewusstsein seiner spielerischen Freiheit erhebt ihn darüber. Die subjektive, romantische Ironie, die auch noch Heine als Kunstmittel anwandte, erreichte durch den Gegensatz von Tatsache und subjektiver Auffassung besonders komische Wirkung. Der romantische Dichter darf und muss die Illusion, die er erzeugt hat, auch wieder aufheben.

Aus: Herbert A. und Elisabeth Frenzel: 1798–1835 Romantik. In: Dies.: Daten deutscher Dichtung. Von den Anfängen bis zum jungen Deutschland. Bd. 1. München: Deutscher Taschenbuch Verlag ³⁰1997, S. 297–300

Arno Lubos: Im Umkreis von Klassik und Romantik: Das junge Deutschland

„Die Freiheit ist eine neue Religion unserer Zeit." „Die Revolution tritt in die Literatur!" Mit diesen Worten Heinrich Heines sind die Bemühungen einer Reihe junger Schriftsteller formuliert die – etwa im Zeitraum zwischen der französischen Julirevolution 1830 und der deutschen Märzrevolution 1848 – ihre Unzufriedenheit über die derzeitige Literatur, aber auch über die Gegenwartsverhältnisse insgesamt in z. T. geharnischten Protesten zum Ausdruck brachten und ein fortschrittliches politisches und gesellschaftliches Engagement forderten.

Der Ausdruck „Junges Deutschland", vermutlich zum erstenmal 1833 von Heinrich Laube, dann von Ludolf Wienbarg gebraucht, eine Übernahme der Bezeichnungen „Junges Italien" und „Junges Europa" des Genuesen Giuseppe Mazzoni, wurde zum Schlagwort durch den Maßregelungsbeschluss der Bundesversammlung des Deutschen Bundes vom 10.12.1835. Darin wird eine „literarische Schule" dieses Namens genannt, „deren Bemühungen unverhohlen dahingehen, [...] die christliche Religion auf die frechste Weise anzugreifen, die bestehenden sozialen Verhältnisse herabzuwürdigen und alle Zucht und Sittlichkeit zu zerstören". Vermerkt sind Heinrich Heine, Karl Gutzkow, Heinrich Laube, Ludolf Wienbarg (1802–1882; aus Altona; Privatdozent in Kiel) und Theodor Mundt (1808–1861; aus Potsdam, Redakteur).

[...] Mittlerweile werden zahlreiche Autoren aus den Reihen der politischen Opposition (Autoren des „Vormärz", der „Märzliteratur") unter dem Begriff „Junges Deutschland" zusammengefasst.

[...] Der nationale Freiheitsdrang in den Jahren 1812–1815 war der folgenden Restauration Metternichs und dem Konformismus des Bürgertums zum Opfer gefallen. In den dreißiger Jahren aber brachen die freiheitlichen Bestrebungen wieder auf, und zwar jetzt das Individuelle und Politische vereinigend: als eine entschiedene Aktion gegen alles Prinzipienhafte, gegen das Festhalten an Überlieferungen allgemein. Das Menschentum der Klassik wurde dabei ebenso als abgetan betrachtet wie der historische und christliche Idealismus der Heidelberger Romantik, die Gemütsamkeit des Biedermeier und vor allem das monarchistisch kleinstaatliche System. Es sollte ein Umbruch der gesamten Lebensverhältnisse vollzogen werden. Dies jedenfalls war die Absicht eines Heine, Börne, Herwegh und Gutzkow.

Gefordert wurde das Recht auf Freiheit, auf Beseitigung der autoritativen moralischen, religiösen und politischen Bindungen. Rationalismus, Sozialismus, Fortschrittsglaube und Kosmopolitismus waren die vorherrschenden Ideen.

Neben dem durchaus konstruktiven Vorhaben zeigte sich aber auch ein äußerst emotionaler Negativismus, der sich in einer pauschalen Verneinung der bestehenden Autoritäten und in der Propagierung eines möglichst radikalen Umsturzes erschöpfte.

Aus: Hermann Glaser, Jakob Lehmann, Arno Lubos: Wege der deutschen Literatur. Eine geschichtliche Darstellung. Berlin: Ullstein 1997, S. 281f.

Herbert Foltinek: Realismus

Der Realismus als Ordnungsbegriff

Der Realismus ist zugleich der einfachste wie auch komplexeste und problematischste Begriff, den die Literaturwissenschaft kennt. Das erweist sich allein daran, dass man zu seiner Erklärung wie ungewollt in die Alltagssprache verfällt, zu einer eigentlichen Begriffsbestimmung jedoch bis auf die Anfänge literaturtheoretischer Überlegungen zurückgehen muss. Die Dichtung, so hat es *Aristoteles* dargelegt, hat die Wirklichkeit nachzuahmen. Wirklichkeit, das heißt alles Gegenständliche, Greifbare, damit aber auch die tieferliegenden reinen Formen, aus denen die bunte Vielfalt der Dinge hervorgeht. Die empirische Wirklichkeit in ihren ideellen Grundlagen also ist Inhalt der literarischen Nachahmung (*Mimesis*), was im Einzelfall bedeutet, dass der Dichter bloß einen Ausschnitt dieser Totalität wiedergeben kann, so wie der Maler eben nur bestimmte Eindrücke abbildet, zu deren Konkretisierung und Abklärung er sogar ein Modell heranziehen mag. Der Vergleich mit der bildenden Kunst kommt nicht von ungefähr, und in der Tat hat schon die antike Poetik dem Dichter nahegelegt, wie ein Maler zu verfahren. Das kann aber nicht darüber hinwegtäuschen, dass Dichtung und Malerei grundsätzlich verschieden sind. Wo die eine gegenständlich arbeitet, vermittelt sich diese durch die Sprache. Anders als der Künstler kann der Dichter nicht wirklich abbilden, er wird vielmehr seine Eindrücke und die damit assoziierten Gefühle und Gedanken teils beschreibend, teils evozierend[1] in eine anregende sprachliche Form umsetzen, aus der die Einbildungskraft des Lesers erst wieder Gestalten schafft. So entsteht eine Nachbildung der erfahrenen Wirklichkeit, die allerdings eine Steigerung und Sinngebung gewonnen hat, die dem primären Erscheinungsbild noch nicht eigen war. Die aristotelische Mimesis stellt sich somit als ein Schaffensprozess dar, in dessen Verlauf empirisch erfassbare Phänomene zu abgerundeten Vorstellungen um-

---

[1] evozieren: bewirken

gestaltet werden, die nunmehr einen übergreifenden Bedeutungszusammenhang erkennen lassen.

Nun hätten wir ebenso einen anderen Einstieg wählen können, der überdies der Argumentation des Aristoteles unmittelbarer entsprochen hätte. Dieser dachte zunächst nicht an Landschaftsbeschreibungen oder epische Schilderungen, sondern an die *dramatische Gattung,* also an eine Form der literarischen Nachahmung, die der objektiven Wirklichkeit eher nachkommt. So wie die Menschen durch das Medium der Sprache miteinander verkehren, ist auch das Drama, das Begegnungen, Konflikte, Bindungen unter Menschen wiedergibt, durch die Rede konstituiert[1]. Allerdings ergibt eine rein mechanische Aneinanderreihung von Mitteilungen, Gesprächen und Auseinandersetzungen noch kein Drama. Vielmehr wird der Dichter auszuwählen und abzugrenzen haben, um den rohen Vorwurf in ein in sich geschlossenes Kommunikationsmodell umzuformen. Er muss sich auf bestimmte Konfigurationen beschränken, hat Raum- sowie Zeitverhältnisse festzulegen, die einen straffen Handlungsablauf ermöglichen, und wird auf Diskursformen zurückgreifen wollen, welche die Kohärenz[2] und Sinnhaftigkeit der Darstellung zu fördern vermögen. Nicht zuletzt muss die Nachbildung alles vermeiden, was den Leser (oder Zuschauer) unglaublich anmuten und somit befremden könnte. Aristoteles geht so weit, dem an sich Unmöglichen, aber dennoch Glaubhaften den Vorzug vor dem Unwahrscheinlichen, wenngleich Möglichen zu geben. Damit wird dem literarischen Werk eine Eigenart zuerkannt, die es klar von der stofflichen Wirklichkeit abhebt. Obgleich als Abbildung auf ihre Vorlage bezogen, kommt der Dichtung dennoch Autonomie gegenüber der Realität zu. Dichtung ist eben nicht nur Abbildung, sondern auch Komposition. Unterlässt es der Dramatiker, sein Material zu gestalten, so zerfällt sein Stück in amorphe Sprechsequenzen, die realitätsnah sein mögen, aber als sinnentleerte Bruchstücke keinen Rezeptionsvorgang auslösen können, somit dem aristotelischen Ansatz in keiner Weise genügen würden. Indes vermag auch

---

[1] einsetzen, gründen – zusammentreten
[2] Verbindung, Übereinstimmung

ein Übermaß von Strukturierung schädlich zu wirken, wenn das dramatische Werk darüber zur bloßen Form- und Formelhaftigkeit erstarrt [...]. Was letztlich auch bedeuten würde, dass eine durch idealisierende oder verzerrende Momente aufbereitete Darstellung ihre Wirkung auf den Leser verfehlen muss – mangelt es ihr doch an Überzeugungskraft, eben an Realismus. [...]

Das Zeitalter des Realismus

Als poetische Kategorie wie als Stilbegriff [...] durchzieht der Realismus die gesamte europäische Literatur; die Gattung des Romans orientiert sich weitgehend an ihm. Im 19. Jahrhundert aber wird der Realismus zur dominierenden Komponente der gesamten kulturellen Entwicklung, sodass man füglich von einem Zeitalter des *Realismus* sprechen kann. Wo die *Romantik* als ein Aufblühen emotionell-kreativer Fähigkeiten in Erscheinung tritt, sollte der Realismus als Einstellung verstanden werden. Der romantische Geist weicht einer realistischen Grundhaltung. Nach Weltabkehr und subjektiver Verinnerlichung, der Entrückung in das Irrational-Übersinnliche, einer Hingabe an die Imagination, die von einer gesteigerten Empfänglichkeit für die Wunder der Natur begleitet wird, kommt der Realismus des 19. Jahrhunderts einer allgemeinen Ernüchterung gleich, die allerdings mit einer Besinnung auf das konstruktive Potenzial des aktiven Menschen gepaart ist und in gesteigerte geistige wie materielle Produktivität mündet. Die Wirklichkeit stellt sich dem Menschen des 19. Jahrhunderts anders dar als in früheren Epochen: Sie fordert, drängt und beflügelt ihn. Wir sprechen von einem Zeitalter der Erfindungen und Entdeckungen, in dem die Wissenschaften einen nie vorhergesehenen Aufschwung erfahren, einer Ära der Industrialisierung und Urbanisierung, in der Umwelt und Lebensbedingungen der Menschen grundlegend verändert werden. Die Bevölkerung Europas wächst an und strebt in ganzen Emigrationswellen nach neuen Siedlungsräumen. Nach der politischen Aufbruchsstimmung der Romantik wird die Folgeepoche von reaktionären Tendenzen gehemmt, doch bahnt sich ein Wandel zu demokratischen Regierungsformen an, wie sie dann vorerst in Großbritannien, im späten 19. Jahrhundert allmählich auch in anderen Teilen Europas zum Durchbruch gelangen. [...] Die Bezeichnung *bürgerliches Zeitalter* gilt [...] einem sozialen System, das weitgehend durch das Normschema bürgerlicher Schichten bestimmt wird. Sie sind es nun auch, die in zunehmendem Maße die literarische Entwicklung steuern. Der literarische Realismus des 19. Jahrhunderts in seinem so betonten Wirklichkeitsbezug, seiner Funktionalität und Präzision kann als typisch bürgerliche Dichtung verstanden werden [...].

Aus: Herbert Foltinek: Realismus. In: Das Fischerlexikon Literatur N–Z. Frankfurt/Main: Fischer Verlag 1996, S. 1575–1587

6. Die Französische Revolution

Roland Vocke: Vom Sturm auf die Bastille bis zum Tode von Robespierre

Von der Französischen Revolution gingen Impulse aus, die über Frankreich hinaus in ganz Europa wirkten und alte Ordnungen erschütterten. Sie fegte den Absolutismus hinweg, verschonte zuletzt aber auch die Revolutionäre nicht. „Die Revolution, [...] frisst ihre Kinder", diese Worte spricht Pierre Victurnien Vergniaud unmittelbar vor seiner Hinrichtung im Jahre 1793. Auch wenn am Ende der Revolution eine Schreckensherrschaft stand und viele Revolutionäre selbst unter dem Fallbeil starben, gilt die Revolution als die Geburtsstunde des modernen Nationalstaates. Auch Büchner beruft sich auf dieses historische Ereignis, wenn er im Hessischen Landboten schreibt: „Im Jahr 1789 war das Volk in Frankreich müde, länger die Schindmähre seines Königs zu sein. Es erhob sich und berief Männer, denen es vertraute, und die Männer traten zusammen und sagten, ein König sei ein Mensch wie ein anderer auch, er sei nur der erste Diener im Staat."

Ludwig XVI. (R 1774–1792) von Frankreich hatte den 14. Juli 1789 fernab von der brodelnden Unruhe der Hauptstadt auf der Jagd in der Nähe von Versailles verbracht und sich anschließend zur Ruhe begeben. Da wurde er vom Herzog von Liancourt mit der Nachricht aus dem Schlaf gerissen, dass das Volk von Paris an eben diesem Tag die *Bastille,* die mittelalterliche Zwingburg, die als Staatsgefängnis diente, erstürmt und die Besatzung niedergemacht habe. „Das ist eine Revolte", soll der König ausgerufen haben. „Nein, Sire", war die Antwort des Herzogs. „Das ist eine Revolution." Es war die Revolution, die Revolution des Volkes von Paris, das markanteste und bis heute populärste Ereignis unter den revolutionären Schüben des Jahres 1789, die den *Absolutismus* in Frankreich hinwegfegten. Nach ihren Voraussetzungen ist zunächst zu fragen, ehe wir den Gang der „Großen Französischen Revolution" im Zusammenhang verfolgen.

Anstoß erregte in einem aufgeklärten Jahrhundert die starre ständische Struktur der Gesellschaft, die in ihren Grundzügen aufs Mittelalter zurückging, aber längst zu einem System von Vorrechten verkommen war. *Adel* und *Geistlichkeit* nahmen ohne entsprechende Leistungen bedeutende Privilegien in Anspruch. Sie hatten Anspruch auf Staats-Stellen und Pfründen und auf die Dienste und Abgaben der unterdrückten Bauern, genossen aber praktisch weitgehende Steuerfreiheit. [...]

Andererseits hatte sich innerhalb des „Dritten Standes" ein reiches und gebildetes und darum auch selbstbewusstes Bürgertum entwickelt, das von den einflussreichen Ämtern, von der Macht im Staate ausgeschlossen war. Diesem Bürgertum ging es *nicht* um *soziale* Reformen, sondern um die *Beteiligung an der Macht,* also um eine Reform der politischen Verhältnisse, nicht um eine Revolution oder um die Beseitigung der Monarchie. [...]

Das Grundübel der französischen Monarchie seit *Ludwig XIV.* und Hauptanlass für die Revolution war die *Finanzmisere,* die ungeheure *Staatsverschuldung* mit einem jährlich beträchtlich wachsenden Defizit. Eine Erhöhung der Steuern verbot sich, denn die Steuerlast auf den Schultern des Volkes war ohnehin drückend genug. Geld war nur bei denen zu holen, die viel besaßen und bisher kaum Steuern gezahlt hatten, das heißt beim Adel und bei der Geistlichkeit. Das wusste auch der König, der Reformen durchaus aufgeschlossen war. Doch alle Versuche seiner Minister, die Besteuerung der Privilegierten durchzusetzen, scheiterten am Widerstand des Adels, der hier und dort gewaltsame Formen anzunehmen drohte (1787/88). Man spricht daher von der „Revolte des Adels", die der Revolution von 1789 vorausging. Vor dieser Revolte wich der König zurück, sodass am Ende keine andere Lösung in Sicht war als die Einberufung der „Generalstände" (also der Abgeordneten von Adel, Geistlichkeit, Bürgern und Bauern) nach Versailles für den Mai 1789. Als die Wahlen der Delegierten ausgeschrieben wurden, ging eine große Erregung durchs Land, denn man erwartete von der Versammlung mehr als eine Lösung des Steuerproblems; man erwartete eine Neuordnung des Staates und der Gesellschaft. Schwierig war es zunächst, die *Zahl* der Abgeordneten für die einzelnen Stände festzulegen, bis schließlich der „Dritte Stand" ebenso viele Vertreter erhielt wie Adel und Geistlichkeit zusammen, nämlich 600. Da man damit rechnen konnte, dass einzelne Adlige wie *Honore Gabriel de Riqueti, Graf von Mirabeau,* und Geistliche wie der *Abbé Emmanuel Joseph Sieyès* mit dem „Dritten Stand" stimmen würden, hatte dieser Erfolg nur dann einen Sinn, wenn fortan nach Köpfen und nicht wie bisher nach Ständen abgestimmt wurde.

Darüber kam es nach der Eröffnung der Versammlung zum Streit, der darin gipfelte, dass sich der „Dritte Stand" zur *„Nationalversammlung"* erklärte und die anderen Stände aufforderte beizutreten. Als der König daraufhin den Versammlungssaal sperren ließ, zogen die Abgeordneten ins *Ballhaus von Versailles* und erklärten in einer dramatischen Sitzung, „sich niemals zu trennen [...], bis die Verfassung errichtet und auf festen Grundlagen dauerhaft gestaltet wäre" (20. Juni 1789). Damit hatten die Abgeordneten den Willen des Königs missachtet und sich eine Aufgabe gegeben, die weit über den ursprünglichen königlichen Auftrag hinausging: ein eindeutig revolutionärer Akt, die Revolution im Saale, der die Revolution auf der Straße erst am 14. Juli folgen sollte. Doch davon war schon die Rede. Der Sturm auf die Bastille

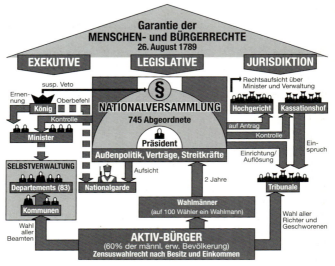

Die französische Verfassung von 1791

löste weithin im Lande den Aufruhr der Bauern aus, der, von wilden Gerüchten geschürt, zum Teil panikartige Formen annahm. Schlösser wurden zerstört, verhasste Grundherren ermordet – die Autoritäten zerbrachen, der Adel begann auszuwandern. Um die Ordnung in den Städten aufrechtzuerhalten, bildete man die „Nationalgarde", eine Bürgermiliz, die die „Trikolore" zu ihrem Banner machte. Indessen wurde im Ballhaus von Versailles in weiteren revolutionären Schüben das alte System weiter demontiert. Die „Verfassunggebende Versammlung" beschloss im August die Abschaffung aller feudalen Vorrechte.

Ebenfalls im August nahm die Versammlung die „Erklärung der Menschen- und Bürgerrechte" an, deren Kerngedanken sich in den Schlagworten „Gleichheit" und „Freiheit" zusammenfassen ließen. Von mehr als symbolhafter Bedeutung war es, dass am 5. Oktober Abertausende von Menschen nach Versailles zogen, um den König mit seiner Familie aus dem Schloss Ludwigs XIV. zu holen und in den alten Tuilerienpalast im Herzen der Hauptstadt zu bringen. Die „Nationalversammlung" folgte. Beide waren fortan unter der Kontrolle des Volkes.

Bis zum Jahre 1791 schloss die Nationalversammlung ihr Werk ab und legte die Verfassung einer konstitutionellen Monarchie vor, das heißt einer Monarchie, in der die Macht des Königs durch eine Verfassung nach dem Prinzip der Gewaltenteilung beschränkt war. Ludwig XVI. suchte sich der neuen Lage durch einen (bald gescheiterten) Fluchtversuch Richtung Deutschland zu entziehen; dann leistete er widerstrebend den Eid. Wenig zufrieden waren andererseits auch die radikalen bürgerlichen Kritiker, in deren Augen dem König immer noch zu viele Rechte verblieben. Und von Gleichheit konnte schon gar keine Rede sein, denn das Wahlrecht war an eine nicht unbeträchtliche Steuerleistung geknüpft. Nach Abschluss des Verfassungswerkes ging die Versammlung auseinander und machte einer neugewählten, der *„Gesetzgebenden Versammlung"* Platz. Jüngere, radikalere Abgeordnete kamen nach Paris und schlössen sich bald zu parteiartigen Gruppen zusammen. *Rechts* saßen die Anhänger der konstitutionellen Monarchie, *links* die Republikaner, die gespalten waren in die gemäßigten bürgerlichen *„Girondisten"* und die radikalen *„Jakobiner"*. Zu ihren Führern gehörten *Robespierre, Danton* und *Marat*. Sie vor allem betrieben bald die Radikalisierung der Revolution.

Zur Radikalisierung trug auch der Konflikt mit den deutschen Nachbarn bei. In Deutschland hatte man vielfach, gerade auch in den Kreisen der Gebildeten, das Geschehen in Frankreich mit Anteilnahme, ja mit Begeisterung verfolgt. Ein neues Zeitalter brach an, das auch in Deutschland auf den Sieg der „Aufklärung", auf „Freiheit und Gleichheit" hoffen ließ, zumal die Franzosen keinen Zweifel daran ließen, dass sie ihre Revolution als eine Tat für die ganze Menschheit verstanden. Begreiflicherweise teilten die deutschen Regierungen diese Gefühle ihrer Untertanen nicht. Preußen und Österreich verbanden sich in einem „Verteidigungsbündnis", um den alten Staat gegen die Revolution zu verteidigen. Damit gaben sie vor allem den „Girondisten" den willkommenen Anlass zum Krieg, der von den inneren Schwierigkeiten Frankreichs, von der Not der Massen ablenken konnte (1792).

„Das Vaterland in Gefahr!" Wenn diese Parole der „Girondisten" das Volk noch nicht geeinigt hätte, so wäre es dem Manifest des Oberbefehlshabers der Verbündeten gelungen, der mit der Zerstörung von Paris drohte, falls dem König
5 etwas zustoßen sollte. Daraufhin stürmten am 10. August 1792 aufgehetzte Volksmassen die Tuilerien; die königliche Familie wurde im „Temple" gefangengesetzt. Eine neue, nunmehr rein republikanische Verfassung wurde entworfen („Nationalkonvent"). Um alle Feinde der Republik einzu-
10 schüchtern, ließen Danton und Marat in den Gefängnissen etwa 1600 „Verdächtige" brutal ermorden („Septembermorde"). Im neugewählten „Konvent" saßen nur noch Republikaner, die sofort die Abschaffung des Königtums beschlossen. Wenig später trat das preußische Koalitionsheer nach
15 der ergebnislosen *Kanonade von Valmy* (20. September 1792) den Rückzug aus Frankreich an. Damit war auch das Schicksal König Ludwigs XVI. endgültig besiegelt. Im Prozess vor dem „Konvent" warf man ihm Verbrechen gegen die Freiheit der Nation und die Sicherheit des Staates vor, und am 21.
20 Januar 1793 fiel sein Haupt unter der Guillotine. [...]
In Paris herrschte Hungersnot, in den Provinzen formierte sich die Gegenrevolution, die Hafenstadt *Toulon* öffnete sich

Hinrichtung Ludwigs XVI.

der englischen Flotte. Angesichts der katastrophalen Lage nahm die Revolution immer radikalere Formen an. In Paris wurden die „Girondisten" verhaftet. Eine *neue Verfassung* brachte zwar einen wesentlichen Schritt hin zur Gleichheit und zur Volkssouveränität, sie wurde aber im Hinblick auf die bedrohliche Situation des Staates sofort suspendiert, sodass die Macht praktisch auf den sogenannten „*Wohlfahrtsausschuss*" überging, eine provisorische Regierung mit umfassender Vollmacht, zusammengesetzt aus neun vom „Konvent" gewählten Mitgliedern, dessen Vorsitzender zunächst *Danton,* später *Robespierre* war. Sie übten diktatorische Gewalt aus, ihr Instrument war seit September 1793 die planmäßige Schreckensherrschaft. So in Paris, wo die Guillotine nicht mehr zur Ruhe kam. (Zu ihren Opfern zählten die Königin Marie Antoinette und die „Girondisten".)
Zur Verteidigung der Revolution gegen die äußeren Feinde organisierte *Lazare Graf Carnot,* ein Hauptmann der Pioniere, die Mobilmachung des gesamten Volkes, die „Erhebung der Massen" („Levée en masse"). [...] Der neue revolutionäre Geist und ein wachsender Nationalismus (auch er ein neues Phänomen!) und dazu eine neue Taktik im Gefecht machten die revolutionären Heere den Söldnertruppen des absolutistischen Zeitalters überlegen: [...] Begleitet wurden diese Erfolge durch eine weitere Verschärfung des Terrorregiments im Lande unter der *Diktatur Robespierres,* der noch 1793 Danton verdrängt hatte und 1794 seine Hinrichtung durchsetzte. Der Kampf richtete sich nun auch immer radikaler gegen die *Kirche,* bis schließlich 1794 die Einstellung der Gottesdienste und der *Kult eines „Höchsten Wesens"* durchgesetzt wurden. Ein neues Terrorgesetz erlaubte dem Revolutionstribunal eine nahezu unbeschränkte Willkürjustiz, der Abertausende zum Opfer fielen. Frankreich atmete auf, und Paris jubelte, als schließlich Robespierre gestürzt und am 28. Juli 1794 mit seinen engsten Parteigängern hingerichtet wurde. Die neue gemäßigte Verfassung des „*Direktoriums*" (1795–1799), einer bürgerlichen Regierung aus fünf Direktoren, bedeutete das Ende des Schreckens und den Sieg des besitzenden Bürgertums, allerdings auch die Fortsetzung des Eroberungskriegs.

Aus: Heinrich Pleticha (Hg.): Aufklärung und Revolution. Europa im 17. und 18. Jahrhundert. Weltgeschichte Bd. 8. Gütersloh (Bertelsmann) 1996, S. 290–299

Die Französische Revolution in Daten

1789
14. Juli: Sturm auf die Bastille
20. Juli: Beginn der *Grande Peur*[1].
4. August: Abschaffung der Feudalrechte
26. August: Erklärung der Menschen- und Bürgerrechte
5./6. Oktober: Marsch der Pariser Bevölkerung auf Versailles
2. November: Enteignung der Kirchengüter

1790
17. April: Die Assignaten[2] werden als Währung akzeptiert.
12. Juli: Zivilverfassung des Klerus
14. Juli: Fest der Föderierten in Paris

1791
2. März: Beseitigung der Zünfte durch das Gesetz Allard
10. März: Der Papst verurteilt die Zivilverfassung des Klerus
22. Mai/14. Juni: Verbot von Zusammenschlüssen durch die Gesetze Le Chapelier
11. Juni: Überführung der sterblichen Überreste Voltaires ins Panthéon
20./21. Juni: Fluchtversuch des Königs scheitert in Varennes
17. Juli: Massaker auf dem Champ de Mars
1. Oktober: Eröffnung der Legislative

1792
März/April: Agrarunruhen
20. April: Beginn des 1. Koalitionskriegs
11. Juli: Dekret „Vaterland in Gefahr"
10. August: Sturm der Tuilerien; Sturz der Monarchie; Einberufung eines Konvents
2.–5. September: Massaker im Pariser Gefängnis
20. September: Französischer Sieg in Valmy
21. September: Abschaffung der Monarchie
22. September: Beginn des Jahres I der Republik
6. November: Besetzung Belgiens

---

[1] Vgl. S. 171, Z. 26–35   [2] Vgl. S. 90, Z. 1ff.

1793
21. Januar: Hinrichtung Ludwigs XVI.
1. Februar: Kriegserklärung an England und Holland
11. März: Beginn des Aufstands in der Vendée
6. April: Schaffung des Wohlfahrtsausschusses *(Comité du salut public)*
4. Mai: Festlegung von Maximalpreisen für Getreide und Mehl
2. Juni: Verhaftung von 29 girondistischen Abgeordneten
24. Juni: Abstimmung über die Verfassung des Jahres I.
27. Juli: Eintritt Robespierres in den Wohlfahrtsausschuss
23. August: Einführung der allgemeinen militärischen Dienstpflicht *(Levée en masse)*
5. September: Beginn der *Terreur*
27. September: Maximum-Gesetz (Lohn- und Preisstopp)
10. Oktober: Regierungsübernahme durch den allgemeinen Sicherheitsausschuss *(Comité de sûreté générale)*

1794
4. Februar: Abschaffung der Sklaverei in den französischen Kolonien
13. März: Verhaftung der Hébertisten
30. März/5. April (16. Germinal II): Verhaftung und Hinrichtung Dantons
8. Juni: Fest des „Höchsten Wesens"
27./28. Juli (9. Thermidor II): Sturz und Hinrichtung Robespierres

Aus: Ernst Hinrichs (Hg.): Kleine Geschichte Frankreichs. Stuttgart: Reclam 2003: 257f.

Ernst Schulin: Führende Personen der Französischen Revolution – Drei Charakterstudien

Zentral steht in „Dantons Tod" die Auseinandersetzung zwischen den Protagonisten Danton und Robespierre. Je nach Inszenierung wird in den Jahren mal mehr im Sinne Dantons, mal mehr im

Sinne Robespierres Stellung bezogen. Entsprechend fallen die Charaktere aus. Bspw. ging in Zeiten der deutschen Teilung die „erste und lange Zeit einzige Aufführung des Dramas in der DDR, [...], [...] mit einer Aufwertung Robespierres und St. Justs und einer Abwertung Dantons Hand in Hand", wie Goltschnigg ausführt. Für den Osten war eine eher „marxistisch, ‚demokratisch-plebejische' Deutungsvariante" relevant, für den Westen eher eine „heroisch-skeptisch-pessimistische" (Goltschnigg). Je nach Sichtweise sind also auch die Charaktere gezeichnet. Daher werden nachfolgend – losgelöst von aller Dramatik – die maßgeblichen Protagonisten der Französischen Revolution vorgestellt. Zu den beiden zentralen Personen wird darüber hinaus aufgrund seiner Bedeutung für die Französische Revolution Marat vorgestellt.

1. Georges *Danton*

Danton, von Beruf Anwalt, wird im Charakter immer gern mit Mirabeau verglichen, gewissermaßen als der Mirabeau der Straße. Er war ein ähnlicher Koloss, führte ein ähnliches unordentliches, ausschweifendes Leben, beide hatten hohe Schulden, waren also bezahlbar, aber nicht käuflich, beide waren kühne Realpolitiker, Opportunisten im guten Sinne. Danton sah furchtbar aus und hatte eine gewaltige Stimme, wirkte aber brutaler und grausamer, als er eigentlich war. Er war der große kurzfristige Volksheld für kritische Tage, besonders bei Kriegsgefahr. Hier wusste er anzutreiben: „Was wir brauchen, ist Kühnheit, Kühnheit und nochmals Kühnheit, und das Vaterland ist gerettet!", – mit diesen Vorstellungen war er im September 1792 die Seele des Widerstandes. Er verkündete in solchen Momenten auch jeweils politisch-ideologische Ziele, z. B. die natürlichen Grenzen Frankreichs. Solche Ziele waren aber für ihn eigentlich sekundär, er konnte auch anders. Im Grunde misstraute er Ideologien. [...] Man kann aber sagen, dass das Vaterland, die Nation für Danton einfach das Wichtigste war, er war der große Patriot. [...] Wenn eine Krise nicht vorhanden war, Kühnheit nicht gefragt war, sondern zähe kleine, sachliche Politik, wirkte Danton apathisch. Er bemühte sich auch nicht bewusst um Popularität, er arbeitete nicht an seiner Volkstümlichkeit, obwohl er aus den Volksgesellschaften, von den Cordeliers her aufgestiegen war. Sein Luxusleben wurde offen angegriffen, er änderte es deswegen nicht. Der Amerikaner Morris, der ihn persönlich kannte, sagt von ihm: „Danton glaubte stets und sprach es auch ... offen aus, dass ein demokratisches Regierungssystem für dieses Land absurd sei; dass das Volk zu unwissend, zu unbeständig und zu verderbt sei, um eine gesetzmäßige Selbstverwaltung zu vertragen; dass es an Gehorsam gewöhnt sei und einen Herrn brauche."

2. Jean Paul Marat

Ganz anders Marat, der Journalist. Von anderem, aber auch auffallend erschreckendem Äußeren: hager, gelblich, hypernervös, immer Pistolen um den Leib, einen Turban gegen die Migräne um den Kopf, schwer hautkrank. Zuweilen wird er als wahnsinnig geschildert, als leidend unter Verfolgungswahn, und an der Grenze dazu war er wohl auch. Er hatte ein überstarkes Geltungsbedürfnis, das er zunächst vergeblich durch naturwissenschaftliche „Entdeckungen" zu befriedigen gesucht hatte und das dann in tiefen Hass auf die etablierten Wissenschaften umgeschlagen war. Das gleiche Geltungsbedürfnis trieb ihn nun in der Politik. Es ist schwer, ihn nicht einfach entsetzlich zu finden, als eine Ausgeburt, eine „schwarze Kehrseite" der Revolution zu bezeichnen, wie es Göhring tut. [...] Aulard wird ihm wohl gerechter, wenn er schreibt: „Seine Heftigkeit geht bisweilen bis zum Delirium, aber was ihn rasend macht, ist das Gefühl des Unrechts. Mitleid, nicht

Furcht macht ihn grausam." Gemeint ist das Unrecht durch Herrschende und Reiche. Es machte ihn allerdings sehr grausam – oder vielleicht ist es korrekter, wie sein Freund Fabre d'Églantine zu sagen: er war „vielleicht der Einzige, der den Mut hatte, alles zu sagen, was er dachte". In seiner Zeitung „Ami du Peuple" trieb er hemmungslose Mordhetze. Schon im Juli 1790 schrieb er: „500 oder 600 abgeschlagene Köpfe würden Ruhe, Freiheit und Glück verbürgen. Eine falsche Humanität hat euren Arm gehemmt. Das wird Millionen eurer Brüder das Leben kosten." Am Anfang seien nur wenige Köpfe nötig gewesen, jetzt würden es immer mehr. Marat war einer der Initiatoren der Septembermorde. Im Vordergrund stand für ihn die Zerstörung, nicht das System eines sozialen Staates. Ein solches hatte er gar nicht.

Er war ein Befürworter der radikalen Revolution und hat durch seine leidenschaftliche Parteinahme für die Passivbürger viel zur Weckung ihres Klassenbewusstseins getan. Seine Vorstellung war, dass in dieser Revolution die niederen, ungebildeten Klassen der Nation gegen die oberen stünden, nicht nur gegen König und privilegierte Stände. So drückte er es am 7. Juli 1792 aus, also noch vor dem Sturz des Königtums. „Denn es ist nicht wahr, dass sich die ganze Nation gegen den Despoten erhoben hat, um den sich ja stets seine Helfershelfer, Adel, Geistlichkeit, Richter, Geldleute, Kapitalisten, Gelehrte, Literaten und ihre Kreaturen scharten. Wenn auch anfangs die gebildeten, wohlhabenden und intrigierenden Angehörigen der niederen Klassen gegen den Despoten Partei ergriffen, so taten sie es nur, um sich gegen das Volk zu wenden, nachdem sie sich mit seinem Vertrauen umgeben und sich seiner Kräfte bedient hatten, um sich den Platz der privilegierten Stände, die sie abgeschafft haben, zu sichern. Auf diese Weise also wurde die Revolution nur durchgeführt und getragen von den unteren Klassen der Gesellschaft, von den Arbeitern, den Handwerkern, den Kleinhändlern, den Bauern, der Plebs, von jenen Unglücklichen, die die unverschämten Reichen mit Kanaille bezeichnen und die römischer Übermut einst Proletarier nannte. Aber dass sich die Revolution einzig zugunsten der Grundbesitzer, der Juristen und Rechtsverdreher auswirken würde, hätte man nie gedacht." [...] Hiergegen kämpfte er an, aber mit wenig Hoffnung auf Erfolg. Denn ebenso wenig wie Danton glaubte er an eine mögliche Führung durch das ungebildete, ungeschickte, mittellose Volk selber. Im Grunde verachtete er es. Stärker und offener als andere glaubte er an eine Diktatur und wünschte sie: einen starken ehrbaren Mann, der das Volk führen würde, nicht etwa eine Diktatur des Proletariats.

Es ist immer schwer, die genaue politische Leistung eines antreibenden Journalisten einzuschätzen, aber seit Oktober 1789 war sein aggressiver Einfluss da. Im Juni 1793 stieg er selber, um die Volksmassen gegen die Girondisten aufzubringen, aufs Rathaus und läutete die Sturmglocke. Marat war in Paris, nicht etwa in ganz Frankreich, populär. Diese Pariser Popularität wurde dann durch seine Ermordung gewaltig gesteigert und verbreitet.

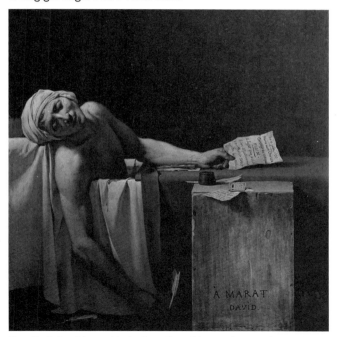

Der Tod des Marat. Nach dem Gemälde von Jacques Louis David, 1793

3. Maximilien de Robespierre

In ganz Frankreich der populärste war Robespierre. Als Waisenkind mit seinen jüngeren Geschwistern und als ehrgeiziger Musterschüler aufgewachsen, war er in seiner Heimatstadt Arras als gewissenhafter Anwalt und Lokaldichter bekannt geworden. Er war ein asketischer Junggeselle, der sich lebenslang gepflegt kleidete. Sein großes Idol war Rousseau, zu dem er auch wallfahrtete. Als Zierde der bürgerlichen Gesellschaft in Arras kam er zu den Generalständen, dort hielt er sorgfältig ausgearbeitete Manuskriptreden, genau und prinzipienstreng neben den überschäumenden Ergüssen der anderen Redner. Lange blieb er im Hintergrund. Er war kein Führertyp. [...] An Mirabeau, Barnave und die anderen reichte er zunächst nicht heran: „Doch die Zeit arbeitet für ihn. Die anderen nutzen sich ab, geben sich Blößen, schwächen sich gegenseitig" (Göhring). [...] Dabei wuchs die Sicherheit und das Ansehen Robespierres.

[...] Er trug immer culottes, gepudertes Haar, war von strenger Eleganz und setzte sich niemals eine Jakobinermütze auf. Das Volk liebte und achtete diese seine Kleidung, die ihn als kleinen Rentner des Ancien Régime erscheinen ließ, es bewunderte seine Ernsthaftigkeit und seinen akademischen Stil. Auch seine persönliche Undurchsichtigkeit und Andersartigkeit führte zu viel Respekt vor ihm. Und dieser Mann vertrat das Volk anders als die anderen, – seitdem er im April 1791 das allgemeine Stimmrecht beantragt hatte. „Das Volk hatte noch andere Fürsprecher und Freunde, aber keinen, der eine so lebhafte, so unerschütterliche Hochachtung für die Tugenden des Volkes hatte. [...] Robespierre hielt das Volk für mündig, vernünftig, tugendhaft. Er sagte sogar, alle Vernunft, alle Tugend läge im Volke. Er proklamierte, dass das Volk niemals Unrecht habe ... Und er war aufrichtig und sah das Volk wirklich so, denn er wohnte bei unbescholtenen, gebildeten, hochherzigen Arbeitern, der Familie (des Schreiners) Duplay. Diese Aufrichtigkeit, seine völlige Redlichkeit und Sittenstrenge machten ihn in den Augen des Volkes zum Unbestechlichen." (Göhring) [...] Weil er das Volk so viel idealistischer, so viel weniger realistisch als die anderen sah, war er also so beliebt. Sein Idealismus war strengster Rousseau.

Zu sehen ist das an seiner Einstellung nach der Errichtung der Republik September/Oktober 1792. [...]

Robespierre sagte [...]: Nun sei das Königtum vernichtet, Adel und Klerus seien verschwunden, das Reich der Gerechtigkeit beginne. „Aber es genügt nicht, den Thron umgestürzt zu haben. Nicht ein leeres Wort ist es, was die Republik ausmacht, sondern die Gesinnung der Bürger. Die Seele der Republik ist die Tugend, d.h. die hochherzige Hingabe, die alle Sonderinteressen hinter das Gemeininteresse zurücktreten lässt.

Die Feinde der Republik sind die Egoisten, die Ehrgeizigen, die Verderbten. Ihr habt die Könige vertrieben, aber habt ihr auch die Laster vertrieben? Bald werdet ihr sehen, wie sich die Männer, die man heute unterschiedslos Patrioten nennt, in zwei Klassen scheiden: die einen wollen die Republik für sich selbst, die anderen wollen sie für das Volk. Die einen werden sich bemühen, die Regierungsform nach aristokratischen Prinzipien und im Interesse der Reichen abzuändern; die anderen werden versuchen, sie auf dem Grundsatz der Gleichheit und des Gemeinwohls aufzubauen. [...]" So wurde, wie Göhring sagt, die Mystifizierung des Volkes zu einem aktiven Element der Tagespolitik gemacht. [...] Die *volonté générale* ist nach Rousseau der Wille des tugendhaften Volkes: er wird vertreten durch die tugendhafte Minderheit. [...]

Robespierre hat besonders deutlich in seiner späteren Rede am 5. Februar 1794, die gern sein politisches Testament genannt wird, erklärt, Tugend sei die natürliche Eigenschaft des Volkes, und eine weise Regierung werde sich auf das Volk stützen. Aber dieses tugendhafte Volk ist eigentlich eine Zukunftsvision: Der Weg dorthin führt durch den Kampf gegen das Böse. Eine Republik, die noch nicht im Frieden ist, die von inneren und äußeren Feinden umgeben ist, bedürfe des Zwanges. Der Zwang, d. h. der Schrecken, sei die Begleiterscheinung der Revolution. Tugend sei machtlos ohne Schrecken, Schrecken ohne Tugend allerdings sei unmoralisch.

Diese Rechtfertigung einer schrecklichen republikanischen Regierung heißt also: Sie ist auf Veränderung, auf ein Ziel gerichtet, in der Gegenwart ist sie darum so unmenschlich und gewalttätig wie nur irgendeine Despotie. Auf die Folgen werden wir noch eingehen. Hier waren nur Robespierres Prinzipien zu charakterisieren. Er konnte, ja eigentlich musste er aus Prinzip grausam sein. Selbstverständlich verbirgt sich in einer so sicheren Prinzips-Verkörperung eine eminente Selbstgerechtigkeit und tiefer Ehrgeiz. Das ist nicht eine Herrschsucht äußerer Art. [...] Auffallend ist jedenfalls, dass er nach dem Sturz der Girondisten, der Hébertisten und Danton-Anhänger, also nach dem Sturz aller anderen Parteien, weniger diktatorisch als vielmehr wunderlich wurde, sich nämlich hauptsächlich in seine neue Religionsschöpfung vergrub.

Aus: Ernst Schulin: Die Französische Revolution. München: Beck'sche Verlagsbuchhandlung ⁴2004, S. 200–207

7. Dramentheoretische Aspekte

Büchners Dramen folgen in ihrem Bau nicht dem klassischen Drama. Das gilt für das Fragment gebliebene Drama „Woyzeck" ebenso wie für „Dantons Tod". Die klassische – geschlossene Form – wird, um den Unterschied deutlich werden zu lassen, im Text von Gustav Freytag zunächst kurz wiedergegeben, und anschließend werden bei Geiger/Haarmann die Unterschiede zwischen geschlossener und der bei Büchner vorzufindenden offenen Form dargelegt.

G. Freytag (1863): Die Technik des Dramas
Kap 2: Der Bau des Dramas

1. Spiel und Gegenspiel

Das Drama stellt in einer Handlung durch Charaktere, vermittelst Wort, Stimme, Gebärde diejenigen Seelenvorgänge dar, welche der Mensch vom Aufleuchten eines Eindruckes bis zu leidenschaftlichem Begehren und zur Tat durchmacht, sowie die inneren Bewegungen, welche durch eigene und fremde Tat aufgeregt werden.
Der Bau des Dramas soll diese beiden Gegensätze des Dramatischen zu einer Einheit verbunden zeigen, Ausströmen und Einströmen der Willenskraft, das Werden der Tat und ihre Reflexe auf die Seele, Satz und Gegensatz, Kampf und Gegenkampf, Steigen und Sinken, Binden und Lösen.
In jeder Stelle des Dramas kommen beide Richtungen des dramatischen Lebens, von denen die eine die andere unablässig fordert, in Spiel und Gegenspiel zur Geltung; aber auch im Ganzen wird die Handlung des Dramas und die Gruppierung seiner Charaktere dadurch zweiteilig. Der Inhalt des Dramas ist immer ein Kampf mit starken Seelenbewegungen, welchen der Held gegen widerstrebende Gewalten führt. Und wie der Held ein starkes Leben in gewisser Einseitigkeit und Befangenheit enthalten muss, so muss auch die gegenspielende Gewalt durch menschliche Vertreter sichtbar gemacht werden. [...]

Diese zwei Hauptteile des Dramas sind durch einen Punkt der Handlung, welcher in der Mitte derselben liegt, fest verbunden.

Diese Mitte, der Höhepunkt des Dramas, ist die wichtigste Stelle des Aufbaues, bis zu ihm steigt, von ihm ab fällt die Handlung. [...]

2. Fünf Teile und drei Stellen des Dramas

Durch die beiden Hälften der Handlung, welche in einem Punkt zusammenschließen, erhält das Drama, – wenn man die Anordnung durch Linien verbildlicht, – einen pyramidalen Bau. Es steigt von der Einleitung mit dem Zutritt des erregenden Moments bis zu dem Höhepunkt, und fällt von da bis zur Katastrophe. Zwischen diesen drei Teilen liegen die Teile der Steigerung und des Falles. Jeder dieser fünf Teile kann aus einer Szene oder aus einer gegliederten Folge von Szenen bestehen, nur der Höhepunkt ist gewöhnlich in einer Hauptszene zusammengefasst.

Diese Teile des Dramas, a) Einleitung, b) Steigerung, c) Höhepunkt, d) Fall oder Umkehr, e) Katastrophe, haben jeder Besonderes in Zweck und Baurichtung. Zwischen ihnen stehen drei wichtige szenische Wirkungen, durch welche die fünf Teile sowohl geschieden als verbunden

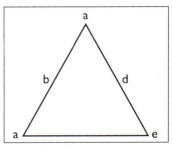

werden. Von diesen drei dramatischen Momenten steht eines, welches den Beginn der bewegten Handlung bezeichnet, zwischen Einleitung und Steigerung, das zweite, Beginn der Gegenwirkung, zwischen Höhepunkt und Umkehr, das dritte, welches vor Eintritt der Katastrophe noch einmal zu steigern hat, zwischen Umkehr und Katastrophe. Sie heißen hier: das erregende Moment, das tragische Moment, das Moment der letzten Spannung. Die erste Wirkung ist jedem Drama nötig, die zweite und dritte sind gute, aber nicht unentbehrliche Hilfsmittel. [...]

5. Die fünf Akte

[...]
In dem modernen Drama umschließt, im Ganzen betrachtet, jeder Akt einen der fünf Teile des Dramas, der erste enthält die Einleitung, der zweite die Steigerung, der dritte den Höhepunkt, der vierte die Umkehr, der fünfte die Katastrophe. [...]
Die Fünfzahl der Akte ist also kein Zufall. Schon die römische Bühne hielt auf sie. [...]
Nur nebenbei sei bemerkt, dass die fünf Teile der Handlung bei kleineren Stoffen und kurzer Behandlung sehr wohl ein Zusammenziehen in eine geringere Zahl von Akten vertragen. Immer müssen die drei Momente: Beginn des Kampfes, Höhepunkt und Katastrophe, sich stark voneinander abheben, die Handlung lässt sich dann in drei Akten zusammenfassen. Auch bei der kleinsten Handlung, welche in einem Akte verlaufen kann, sind innerhalb desselben die fünf oder drei Teile erkennbar.

Zitiert nach: Heinz Geiger, Hermann Haarmann: Aspekte des Dramas. Opladen: Westdeutscher Verlag 1978, S. 146–149

Heinz Geiger/Hermann Haarmann: Formtypen des Dramas (geschlossene und offene Form)

Klotz untersucht die beiden dramatischen Stiltypen im Hinblick auf ihre unterschiedliche Gestaltung der Handlung, der Zeit, des Raumes, der Personen, der Komposition und der Sprache. Er gelangt dabei zu folgenden Ergebnissen:
Das *geschlossene Drama* besitzt stets eine eindeutige Haupthandlung (Einsträngigkeit, evtl. Nebenhandlungen ohne Eigengewicht), die linear und kontinuierlich durchgeführt wird und in sich kausal verknüpft ist: Eine Szene geht folgerichtig aus der anderen hervor. Die enge Verzahnung des dramatischen Geschehens wird erreicht durch das Prinzip der Personenkette (mindestens eine Person bleibt bei Szenenwechsel innerhalb des Aktes auf der Bühne). Die Einheit und Ganzheit der Handlung resultiert vor allem aus der Beschränkung des dramatischen Vorgangs auf eine knappe

Raum-, Zeit- und Geschehnisspanne. Wiedergegeben wird nur ein Ausschnitt aus einem größeren Ereignisganzen, nämlich Endphase und Höhepunkt einer schon lange vor Beginn des Dramas sich anbahnenden Entwicklung. Dieser Ausschnitt wird jedoch als Ganzes, d. h. als vorgangsmäßig eng verfugtes Kontinuum dargeboten. Die Handlungskontinuität erfordert zwangsläufig die zeitliche Kontinuität, d. h. den Ablauf des Geschehens in einer knappen, nahezu ununterbrochenen Zeiterstreckung (weitgehende Kongruenz von Spielzeit und gespielter Zeit). Die Einheit der Zeit wird ihrerseits erst durch die Einheit des Raumes ermöglicht, da im Drama mit jedem Ortswechsel in der Regel ein Zeitsprung (Ausnahme: die Veranschaulichung eines Simultanvorgangs), zumindest jedoch eine Unterbrechung der Handlungs- und Zeitkontinuität verbunden ist.

Doch selbst bei einem Schauplatzwechsel, wie etwa in Goethes *Tasso*, bleibt im *geschlossenen Drama* der Eindruck von Ortsgleichheit erhalten: die Orte (Garten, Saal, Zimmer) sind hier nur geringfügige Abwandlungen des gleichen höfisch-arkadischen Raumes. Der Raum besitzt somit im geschlossenen Drama vorwiegend ideellen Charakter (vgl. die stilisierte Landschaft in *Iphigenie*: Hain vor Dianens Tempel) und bildet nur den neutralen Rahmen eines weitgehend entstofflichten Geschehens, das sich primär im Bewusstsein der Personen abspielt.

Die Tendenz des *geschlossenen Dramas* zur Konzentration, die sich in der Einheit von Handlung, Raum und Zeit zeigt, äußert sich auch in der zahlenmäßigen und ständischen Beschränkung des Personenkreises: geringe Anzahl von Personen, keine Massenszenen, wenige Nebenfiguren, die – im Gegensatz zum *offenen Drama* – von Anfang bis zum Ende im Stück vorkommen bzw. mehrfach auftreten. Es handelt sich dabei vorwiegend um „Vertraute" der Hauptfiguren (Diener, Amme, Freunde etc.). Die Nebenpersonen bzw. Vertrauten sind weit mehr Abspaltungen der Hauptpersonen als selbstständige Personen (so sind die Dialoge zwischen Held und Vertrautem im Grunde nur dialogisch aufgeteilte Monologe mit sich selbst). Dies bedingt die einheitliche Sprache von Haupt- und Nebenperson (hoher Stil, Pathos, Vers,

Sentenzenreichtum[1]). Der Dialog besteht vor allem aus Rededuellen [...] und geschlossenen und wohlgefügten Redegebäuden (hypotaktische Syntax[2]).
Die regelhafte Ordnung und die Gesetze der Proportion und Symmetrie, die die Personengruppierung (ausbalancierte Zweipoligkeit und Antithetik von Spiel und Gegenspiel, von Protagonist und Antagonist, von Hauptfigur und Vertrautem) und die Dialoggestaltung (Hypotaxe, Rededuell) bestimmen, kennzeichnen auch den Handlungsaufbau (pyramidale Struktur, fünf Akte mit Mittelachse im dritten Akt). Die Handlung präsentiert sich als architektonisches Gefüge mit starker Betonung des Aktes und geringem Eigengewicht der (meist zum Auftritt eingeschränkten) Szenen. Der symmetrischen Komposition entsprechend korrespondieren dabei nach Umfang und Inhalt häufig Akt I und V sowie Akt II und IV.
Vielheit und Dispersion[3] kennzeichnen die Handlung im *offenen Drama*. „Mehrere Handlungsstränge laufen gleichberechtigt nebeneinander her, die auch in sich mehr oder minder stark der Kontinuität entbehren." [Klotz, Anm. v. N.S.] Im Extremfall besteht die Handlung aus einer Abfolge von völlig selbstständigen räumlich und zeitlich voneinander getrennten Einzelbegebenheiten (Stationentechnik).
Trotz der daraus resultierenden Diskontinuität in der Szenenfolge handelt es sich jedoch nicht um eine willkürliche Summierung von Einzelszenen. Die Koordination der zerstreuten Handlungsteile übernehmen folgende Kompositionsmittel:

1. die Technik der „*komplementären*[4] *Stränge*": ein *Kollektivstrang*, der das Thema bzw. den Sachverhalt des Stückes enthält, und ein *Privatstrang*, in dem jener an einem Einzelfall aktualisiert wird (vgl. Lenz *Die Soldaten*), „bedingen, ergänzen und erklären einander" [Klotz].

---
[1] Sentenz: Sinnspruch
[2] Unterordnung von Sätzen, Satzteilen unter andere.
Beispiel: Hauptsatz, Nebensatz
[3] feine Verteilung, Streuung
[4] ergänzend

2. die „*metaphorische Verklammerung*": einzelne Metaphern, die sich durch das ganze Stück hindurchziehen (z. B. in Büchners *Woyzeck:* Messer, Blut, rot) stiften ein enges latentes Bezugssystem.

3. das „*zentrale Ich*": die besonders im Stationendrama in allen Szenen auftretende und im Mittelpunkt stehende Hauptfigur übernimmt hier die Koordination der dispergierenden Handlung (Einheit der Figur statt Einheit der Handlung), so z. B. in Strindbergs *Nach Damaskus* oder in Brechts *Baal* [...]).

Die weite Zeiterstreckung der Handlung im offenen Drama (häufig mehrere Jahre) ermöglicht nicht mehr, das Geschehen als vorgangsmäßiges und zeitliches Kontinuum darzubieten. Gleichzeitig ist damit auch die räumliche Kontinuität aufgegeben. (Zwischen Zeit und Raum besteht generell im Drama eine enge Wechselbeziehung. Räumliche Veränderung hat gewöhnlich eine zeitliche Veränderung zur Folge, wie andererseits Zeitsprünge, d. h. das Aussparen von Geschehnisphasen zwischen den einzelnen Szenen meist durch Wechsel des Schauplatzes verdeutlicht werden. Der Ortswechsel erhält mithin die Funktion, den Zeitablauf bewusst zu machen und die Handlung zu gliedern.)

Im Extremfall entspricht im *offenen Drama* die Anzahl der Orte der Anzahl der Szenen. Mit dem Ortswechsel ist vielfach ein (häufig alternierender[1]) Wechsel zwischen engem und weitem Raum (Zimmer, unbegrenzte Natur) verbunden. Der Raum wird somit nie zum neutralen allgemeinen Rahmen des Geschehens wie im *geschlossenen Drama,* sondern ist jeweils ein spezieller und charakteristischer Raum, der aktiv am Geschehen teilnimmt, das Verhalten der Personen charakterisiert und bestimmt.

Diese selbst sind im *offenen Drama* keiner zahlen-. und standesmäßigen Beschränkung unterworfen. Am deutlichsten zeigt sich dies in der Vielzahl von Nebenfiguren, die im Gegensatz zu denen des *geschlossenen Dramas* meist jedoch nur in einer Szene, d. h. ein einziges Mal auftreten. Fast in jeder

---

[1] wechselnd, abwechselnd

neuen Szene stehen so der Hauptfigur, die weder einen
Vertrauten noch einen indirekten Gegenspieler mehr hat,
andere Personen als in der vorausgehenden gegenüber. In
vielen Fällen werden niedrige Personen zur Hauptfigur des
dramatischen Geschehens. Der zahlen- und standesmäßigen
Erweiterung der dramatis personae entspricht im *offenen
Drama* die Pluralität heterogener[1] Sprachhandlungen (verschiedene Berufs- und Standessprachen).
Ihr Sprechen ist nicht mehr primär von Reflexionen bestimmt, sondern eher augenblicks- und situationsverhaftet.
Zum Motor ihrer Äußerungen wird anstelle der logischen
Folgerung, die *im geschlossenen Drama* sich in Rededuellen
und geschlossenen Redegebäuden manifestiert, die Assozi-
ation. Die daraus folgende Sprunghaftigkeit des Gedanken-
fortschritts findet sichtbaren Ausdruck in der Satzkonstruk-
tion und Satzfolge. Im Unterschied zum hypotaktischen
Satzgefüge im *geschlossenen Drama* ist das Verhältnis der
Satzglieder wie auch das der Sätze untereinander überwie-
gend parataktisch[2]. Syndetische[3] oder asyndetische Reihung
sowie Anakoluth[4], Ellipse[5] und Satzabbruch, die typischen
Stilmerkmale spontanen Sprechens, kennzeichnen die Ge-
sprächsführung. [...]
Die *offene Form* des atektonischen Dramentyps dokumentiert sich am sichtbarsten im Geschehnisfortschritt (Wie-
dergabe von Ausschnitten) und im äußeren Handlungsaufbau. Das vorgeführte Geschehen ist nach vorn und hinten
offen, es setzt dementsprechend unvermittelt ein und bricht
ebenso unvermittelt ab. Das gilt für das Stück als Ganzes
wie auch für dessen einzelne Szenen bzw. „Bilder". Die
Handlung wird weder am Stückanfang ausführlich exponiert,
noch findet sie am Stückende zu einem eindeutigen Abschluss (Fortsetzbarkeit der Handlung). Analog dazu begin-
nen die einzelnen Szenen oft mitten im Satz oder in einem
Vorgang und enden ebenso häufig mit Vorgangs- und Satz-

---

[1] unterschiedlich, ungleich
[2] Nebeneinander von Satzteilen, Sätzen. Beispiel: Hauptsatz, Hauptsatz
[3] durch Konjunktion verbunden, Ggs.: asyndetisch
[4] ohne Zusammenhang
[5] Auslassung von leicht ergänzbaren Wörtern, Satzteilen

abbrüchen. Durch diese „Rissränder" (die den Ausschnittcharakter des Dargestellten betonen) sowie durch die räumlichen und zeitlichen Intervalle von den Nachbarszenen getrennt, gewinnt die einzelne Szene weitgehende Autonomie (Selbstständigkeit der Teile). Die Stückkomposition des *offenen Dramas* erfolgt mithin vom Einzelteil, der Szene, aus und nicht mehr vom Ganzen (Hierarchie der Teile) wie im *geschlossenen Drama*. Dementsprechend kommt der Szene hier größere Bedeutung zu als dem Akt. Wo dennoch im *offenen Drama* die Akteinteilung beibehalten wird, hat diese eine andere Funktion als im *geschlossenen Drama*. Die Akte sind hier nicht mehr Gliederungseinheiten bzw. in sich geschlossene Abschnitte eines auf das Ende hin gestuften Handlungsganzen, sondern dienen lediglich zur Zusammenfassung von einer Anzahl thematisch eng zusammengehörender Szenen (so etwa in *Die Soldaten* von Lenz). Vielfach wird jedoch – vor allem in Dramen, in denen das „zentrale Ich" als Kompositionsprinzip vorherrscht – die Akteinteilung ganz aufgegeben (vgl. *Woyzeck, Baal*).

Bei aller Autonomie der Szenen besteht das *offene Drama* jedoch nicht aus einer willkürlichen Addition von unbezogenen Einzelszenen. Leitende Kompositionsprinzipien sind neben der erwähnten Handlungskoordination mithilfe von „zentralem Ich", „metaphorischer Verklammerung" und „komplementären Strängen" das Moment der Variation, der Wiederholung und des Kontrasts. (Etwa in der alternierenden[1] Folge von groß- und kleinräumigen Szenen.)

Es gilt jedoch nochmals zu betonen, dass die von Klotz unterschiedenen *Formtypen* des *geschlossenen* und *offenen Dramas* als *Idealtypen* zu verstehen sind, also als Konstruktionen, denen primär heuristischer Wert für die Dramenanalyse zukommt. *Geschlossene* oder *offene Form* werden im konkreten Einzelfall kaum idealtypisch verwirklicht sein, bei vielen Dramen wird es sich eher um *Mischtypen* handeln.

Aus: Heinz Geiger, Hermann Haarmann: Aspekte des Dramas. Eine Einführung in die Theatergeschichte und Dramenanalyse. Opladen: Westdeutscher Verlag, 4., überarbeitete und erweiterte Auflage 1996, S. 127–134

---

[1] wechselnd, abwechselnd

8. Eine Szene analysieren – Tipps und Techniken

Ein gewichtiger Teil der Arbeit an dem Drama wird für Sie darin bestehen, einzelne Szenen zu analysieren, d. h. zu beschreiben und zu deuten, und die Ergebnisse in einem Text zusammenzufassen. Im Folgenden erhalten Sie einige Tipps, wie Sie dabei sinnvoll vorgehen können und wie eine Textanalyse aufgebaut werden kann.

Vorarbeiten

Lesen Sie die entsprechende Textstelle sorgfältig durch und markieren Sie alle Auffälligkeiten, z. B. sprachliche Besonderheiten, Bezüge zu Textstellen, die Sie bereits bearbeitet haben, mögliche Untersuchungsgesichtspunkte, Deutungsansätze. Markieren Sie nach Möglichkeit mit unterschiedlichen Farben oder unterschiedlichen Unterstreichungen (durchgezogene Linie, Wellenlinie, gestrichelte Linie ...).

Auswahl einer geeigneten Analysenmethode

Texte können auf unterschiedliche Weise analysiert werden, im Wesentlichen geht es dabei um zwei Methoden:

a) Die Linearanalyse:

Der Text wird von oben nach unten bzw. vom Beginn bis zum Ende bearbeitet. Dabei geht man nicht Satz für Satz vor, sondern kennzeichnet zunächst den Aufbau des Textes und bearbeitet die einzelnen Abschnitte nacheinander. Der Vorteil dieser Methode besteht darin, dass ein Text sehr detailliert und genau bearbeitet wird. Vor allem bei kürzeren Auszügen ist diese Analysemethode zu empfehlen.

Man kann sich jedoch auch im Detail verlieren und die eigentlichen Deutungsschwerpunkte zu sehr in den Hintergrund drängen und den Zusammenhang aus dem Auge verlieren, wenn man zu kleinschrittig vorgeht.

b) Die aspektgeleitete Analyse:

Der Schreiber bzw. die Schreiberin legt vorab bestimmte Untersuchungsaspekte fest und arbeitet diese nacheinander am Text ab. Der Vorteil dieser Methode besteht darin, dass der eigene Text einen klaren Aufbau erhält und der Leser/die Leserin von Beginn an auf die Untersuchungsaspekte hingewiesen werden kann.
Ein Nachteil kann darin bestehen, dass einige Deutungsaspekte, die als nicht so gewichtig angesehen werden, unter den Tisch fallen.

Der Aufbau einer Linearanalyse

1. Einleitung: Hinweise auf den Text geben, aus dem die Szene stammt; evtl. über den historischen Hintergrund informieren; Ort, Zeit und Personen der zu behandelnden Szene angeben, kurze Inhaltsübersicht darbieten
2. Einordnung der Szene in den inhaltlichen Zusammenhang (Was geschieht vorher, was nachher?)
3. Zusammenfassende Aussagen zum inhaltlichen Aufbau, zu den Textabschnitten (kann auch in den folgenden Teil einfließen)
4. Genaue Beschreibung und Deutung der Textabschnitte
   - Aussage zum Inhalt des jeweiligen Abschnitts
   - Aussagen zur Deutung, evtl. auch Einordnung der Deutungen in den Gesamtzusammenhang des Dramas (s. auch Schlussteil)
   - Aussagen zur sprachlichen Gestaltung als Beleg für die Deutungen
   - Überleitung zum nächsten Textabschnitt
5. Schlussteil: Zusammenfassung der Analyseergebnisse, Einordnung der Analyseergebnisse in den Gesamtzusammenhang des Dramas und in den zeitgeschichtlichen Hintergrund (falls nicht im Rahmen der Linearanalyse erfolgt), persönliche Wertungen ...

Der Aufbau einer aspektgeleiteten Analyse

Die zuvor aufgelisteten Punkte l., 2. und 5. gelten auch für diese Analysemethode. Es ändern sich die Punkte 3. und 4.:

3. Kennzeichnung der Aspekte im Überblick, die im Folgenden detailliert am Text untersucht werden sollen.
4. Analyse des Textes entsprechend den zuvor genannten Schwerpunkten
   - Nennen des Untersuchungsaspekts
   - Kennzeichnung des inhaltlichen Zusammenhangs, in dem er relevant ist
   - Aussagen zur Deutung
   - Aussagen zur sprachlichen Gestaltung als Beleg für die Deutungen

Auch das sind wichtige Tipps für eine Szenenanalyse

- Vergessen Sie bei dramatischen Texten nicht, die Regieanweisungen in die Analyse einzubeziehen.
- Beachten Sie, wie die Dialogpartner miteinander sprechen, welche Gesten sie vollführen und welche Beziehung sie zueinander verdeutlichen.
- Belegen Sie Ihre Deutungsaussagen mit dem Wortmaterial des Textes. Verweisen Sie entweder auf sprachliche Besonderheiten oder arbeiten Sie mit Zitaten.
- Bauen Sie Zitate korrekt in Ihren eigenen Satzbau ein oder arbeiten Sie mit Redeeinleitungen. Vergessen Sie nicht, die Fundstelle anzugeben.
- Verwenden Sie für die Beschreibung des Wortmaterials die entsprechenden Fachausdrücke (Wortarten, Satzglieder, rhetorische Figuren ...).
- Schreiben Sie im Zusammenhang. Verlieren Sie den „roten Faden" nicht aus dem Auge. Folgt ein neuer Gesichtspunkt, formulieren Sie nach Möglichkeit eine Überleitung.
- Machen Sie die gedankliche Gliederung Ihres Textes auch äußerlich durch Absätze deutlich.

9. Literatur

Primärliteratur

Georg Büchner: Werke und Briefe. München ⁷1986
Georg Büchner, Ludwig Weidig: Der Hessische Landbote. Texte, Briefe Prozessakten. Kommentiert von Hans Magnus Enzensberger. Frankfurt/M. 1974

Sekundärliteratur

Arasse, Daniel: Die Guillotine. Reinbek bei Hamburg (Ro-RoRo) 1988
Arnold, Heinz Ludwig (Hg.): Georg Büchner I/II. Text+Kritik (Sonderband). München ²1995
Arnold, Heinz Ludwig/Sinemus, Volker (Hg.): Grundzüge der Literatur- und Sprachwissenschaft. München ¹⁰1992
Böhme, Gernot: Ludwig Büchner. In: Georg Büchner Ausstellungsgesellschaft (Hg.): Georg Büchner: 1813–1837; Revolutionär, Dichter, Wissenschaftler; [Katalog der Ausstellung Mathildenhöhe, Darmstadt, 2.08.–27.09.87]
Dierks, Margarete: Konservativ revolutionär. Luise Büchner. In: Georg Büchner Ausstellungsgesellschaft (Hg.): Georg Büchner: 1813–1837; Revolutionär, Dichter, Wissenschaftler; [Katalog der Ausstellung Mathildenhöhe, Darmstadt, 2.08.–27.09.87]
Fischer, Ludwig (Hg.): Zeitgenosse Büchner. Stuttgart 1979
Franz, Eckhart G. Franz: Fabrikant und sozialer Demokrat Wilhelm Büchner. In: Georg Büchner Ausstellungsgesellschaft (Hg.): Georg Büchner: 1813–1837; Revolutionär, Dichter, Wissenschaftler; [Katalog der Ausstellung Mathildenhöhe, Darmstadt, 2.08.–27.09.87]
Gaarder, Jostein: Sofies Welt. München/Wien 1993
Geiger, Heinz/Haarmann, Hermann: Aspekte des Dramas. Opladen 1978
Georg Büchner Ausstellungsgesellschaft (Hg.): Georg Büchner: 1813–1837; Revolutionär, Dichter, Wissenschaftler; [Katalog der Ausstellung Mathildenhöhe, Darmstadt, 2.08.–27.09.87]

Goltschnigg, Dietmar (Hg.): *Georg Büchner und die Moderne. Texte, Analysen, Kommentar. Bd. 3: 1980–2002.* Berlin 2004

Goltschnigg, Dietmar (Hg.): *Materialien zur Rezeptions- und Wirkungsgeschichte Georg Büchners.* Kronberg Taunus 1974

Hauschild, Jan-Christoph: *Büchners Braut.* In: Georg Büchner Ausstellungsgesellschaft (Hg.): Georg Büchner: 1813–1837; Revolutionär, Dichter, Wissenschaftler; [Katalog der Ausstellung Mathildenhöhe, Darmstadt, 2.08.–27.09.87]

Hauschild, Jan-Christoph: *Georg Büchner. Studien und neue Quellen zu Leben, Werk und Wirkung.* Königstein Taunus 1985

Hauschild, Jan-Christoph: *Georg Büchner.* Reinbek bei Hamburg ²1995

Helferich, Christoph: *Geschichte der Philosophie. Von den Anfängen bis zur Gegenwart und Östliches Denken.* München 1998

Hinrichs, Ernst (Hg.): *Kleine Geschichte Frankreichs.* Stuttgart 2003

Kant, Immanuel: *Beantwortung der Frage: Was ist Aufklärung?* In: Kant. Ausgewählt und vorgestellt von Günter Schulte. Philosophie jetzt! Hrsg. von Peter Sloterdijk. München 1998

Kosselleck, Reinhart: *Zeitschichten.* Frankfurt/M. 2000

Marcuse, Ludwig: *Die Welt der Tragödie.* Zürich 1992

Marcuse, Ludwig: *Meine Geschichte der Philosophie.* Zürich 1981

Mayer, Hans: *Georg Büchner und seine Zeit.* Frankfurt/M. 1972

Mayer, Thomas Michael: *Georg Büchner. Eine kurze Chronik zu Leben und Werk.* In: Arnold, Heinz Ludwig (Hg.): Georg Büchner I/II. Text+Kritik (Sonderband). München ²1995

Meier, Albert: *Georg Büchners Ästhetik.* München ²1975

Pott, Wilhelm Heinrich: *Über den fortbestehenden Widerspruch zwischen Politik und Leben.* In: Fischer, Ludwig (Hg.): Zeitgenosse Büchner. Stuttgart 1979 *van Rinsum, Annemarie und Wolfgang:* Woyzeck. In: Dies.: Frührealismus 1815–1848. Deutsche Literaturgeschichte. Bd. 6. München 1992

Rousseau, Jean-Jacques: Vom Gesellschaftsvertrag oder Grundsätze des Staatsrechts. Stuttgart (Reclam) 1986

Schiller, Friedrich: Die Idealisierung als Aufgabe des Dichters. In: Ders.: Gesamtausgabe. Bd. 20. Hrsg. von Gerhard Fricke. München 1966

Schulin, Ernst: Die Französische Revolution. München ⁴2004

Schulze, Hagen: Staat und Nation in der europäischen Geschichte. München 1999

Seidel, Jürgen: Georg Büchner. Portrait. München 1998

Vocke, Roland: Europa von der „Französischen Revolution" bis zum Sturz Napoleons. Heinrich Pleticha (Hg.): Aufklärung und Revolution. Europa im 17. und 18. Jahrhundert. Weltgeschichte Bd. 8. Gütersloh 1996,

Werner, Michael/Espagne, Michel: Alexander Büchner. In: Georg Büchner Ausstellungsgesellschaft (Hg.): Georg Büchner: 1813–1837; Revolutionär, Dichter, Wissenschaftler; [Katalog der Ausstellung Mathildenhöhe, Darmstadt, 2.08.-27.09.87]

Wirth, Johann G.: Das Nationalfest der Deutschen zu Hambach (Reprint der Ausgabe von 1832). 1977

Wunder, Bernd: Europäische Geschichte im Zeitalter der Französischen Revolution 1789–1815. Stuttgart/Berlin/Köln 2001

Bildquellen

S. 102, 104, 110, 111, 126, 139, 171, 176, 181, 184: akg-images – **S. 174:** Nach: Heinrich Pleticha (Hg.): Europa im 17. und 18. Jahrhundert. Weltgeschichte Bd. 8. Aufklärung und Revolution. Gütersloh: Bertelsmann 1996, S. 295 – **S. 180:** © picture-alliance/akg-images – **S. 183:** akg-images/Erich Lessing